Cruinnscríobh na Gaeilge

Cruinnscríobh na Gaeilge

Ciarán Mac Murchaidh

COIS LIFE
BAILE ÁTHA CLIATH
2002

An chéad chló 2002
An dara cló 2003
© Ciarán Mac Murchaidh 2002
Foilsithe ag Cois Life Teoranta
ISBN 1 901176 35 5

Tá Cois Life buíoch de Bhord na Leabhar Gaeilge agus den Chomhairle Ealaíon as a gcúnamh.
Clúdach: Eoin Stephens

Clóbhualadh: Criterion Press, Baile Átha Cliath

Clár

Réamhrá   *9*

Giorrúcháin do thagairtí   *12*

1 Na téarmaí gramadaí   *15*

2 Úsáid foclóirí   *25*

3 An t-ainmfhocal   *29*
   3.1   Firinscne agus baininscne
   3.2   Athruithe tosaigh san ainmneach uatha agus iolra
   3.3   Athruithe deiridh san ainmneach iolra

4 Na tuisil sa Ghaeilge   *42*
   4.1   An tuiseal ainmneach
   4.2   An tuiseal cuspóireach
   4.3   An tuiseal tabharthach
   4.4   An tuiseal gairmeach
   4.5   An tuiseal ginideach

5 An réamfhocal simplí   *48*
   5.1   Réamhfhocail shimplí roimh chonsain
   5.2   Réamhfhocail shimplí roimh ghutaí
   5.3   Réamhfhocail shimplí agus an t-alt uatha (*an*)
   5.4   Réamhfhocail shimplí agus an t-alt uatha: canúint Chúige Uladh
   5.5   Réamhfhocail shimplí agus an t-alt iolra (*na*)

6 Fordhearcadh ar an tuiseal ginideach uatha agus iolra   *59*
   6.1   Athruithe tosaigh - ainmfhocail fhirinscneacha
   6.2   Athruithe tosaigh - ainmfhocail bhaininscneacha
   6.3   Athruithe deiridh sa tuiseal ginideach uatha
   6.4   Fordhearcadh ar an tuiseal ginideach iolra
   6.5   Athruithe deiridh sa tuiseal ginideach iolra

7 Treoir do na díochlaontaí   *67*
   7.1   An chéad díochlaonadh
   7.2   An dara díochlaonadh
   7.3   An tríú díochlaonadh
   7.4   An ceathrú díochlaonadh
   7.5   An cúigiú díochlaonadh

8 Na díochlaontaí féin   *71*
   8.1   An chéad díochlaonadh

8.2 An dara díochlaonadh
8.3 An tríú díochlaonadh
8.4 An ceathrú díochlaonadh
8.5 An cúigiú díochlaonadh

9 An aidiacht   *87*

9.1 An aidiacht san uimhir uatha
9.2 An aidiacht san uimhir iolra
9.3 *Droch-, Sean-, Ró-* agus *An-*
9.4 An aidiacht shealbhach agus seilbh
9.5 Céimeanna comparáide na haidiachta
9.6 An aidiacht bhriathartha

10 An forainm   *104*

10.1 An forainm pearsanta
10.2 An forainm taispeántach
10.3 An forainm ceisteach
10.4 An forainm réamhfhoclach
10.5 An forainm éiginnte

11 Na huimhreacha   *110*

11.1 Na maoluimhreacha
11.2 Na bunuimhreacha
11.3 Na huimhreacha pearsanta
11.4 Na horduimhreacha

12 An briathar rialta   *121*

12.1 Foirmeacha spleácha agus neamhspleácha
12.2 An chéad agus an dara réimniú
12.3 An modh ordaitheach
12.4 An aimsir chaite
12.5 An aimsir láithreach
12.6 An aimsir fháistineach
12.7 An modh coinníollach
12.8 An aimsir ghnáthchaite
12.9 An briathar saor
12.10 Má agus Dá
12.11 An chlaoninsint

13 An briathar neamhrialta   *145*

13.1 Foirmeacha spleácha agus neamhspleácha
13.2 An modh ordaitheach
13.3 An aimsir chaite
13.4 An aimsir láithreach
13.5 An aimsir fháistineach

13.6 An modh coinníollach
13.7 An aimsir ghnáthchaite
13.8 An briathar saor

14 An briathar le réamhfhocal   162

15 An dobhriathar   *164*

15.1 Réamhrá
15.2 An dobhriathar aidiachtach
15.3 An dobhriathar ama

16 Suíomh agus gluaiseacht   *170*

17 An chopail   *174*

17.1 An chopail san aimsir láithreach
17.2 *Is* – abairtí aicme
17.3 *Is* – abairtí ionannais
17.4 An chopail san aimsir chaite
17.5 *Ba* – abairtí aicme
17.6 *Ba* – abairtí ionannais
17.7 An chopail: ceisteanna agus freagraí
17.8 An chopail agus an réamhfhocal *le*
17.9 An chopail agus an chlaoninsint

18 Cúrsaí ama   *185*

18.1 Laethanta na seachtaine agus a n-úsáid
18.2 Míonna na bliana
18.3 Féilte, séasúir agus ócáidí tábhachtacha

19 An clásal coibhneasta   *188*

19.1 Réamhrá
19.2 Coibhneas díreach nó indíreach?
19.3 An clásal indíreach
19.4 Briathra neamhrialta san aimsir chaite

20 An t-ainmfhocal teibí   *197*

21 An aidiacht sa tuiseal ginideach   *202*

21.1 Réamhrá
21.2 An chéad díochlaonadh den aidiacht
21.3 An dara díochlaonadh den aidiacht
21.4 An tríú díochlaonadh den aidiacht

22 Ainmneacha pearsanta & sloinnte Gael   *208*

22.1 Ainmneacha pearsanta sa Ghaeilge
22.2 Sloinnte i nGaeilge
22.3 Teidil ómóis

23 Logainmneacha   *216*
    23.1-8 Cineál na míreanna
    23.9   Athruithe ar logainmneacha

24 Béim agus treisiú   *223*
    24.1 Iarmhíreanna treise
    24.2 An dobhriathar treise *féin* agus *seol sin l siúd*
    24.3 Treisiú briathra

25 *Miscellanea*   *234*
    25.1 An uaschamóg
    25.2 An fleiscín
    25.3 An réamhlitir *h*
    25.4 Nathanna úsáideacha
    25.5 Réamhfhocail chomhshuite
    25.6 Botúin choitianta le seachaint

Réamhrá

Ní rún ar bith é ag duine ar bith atá ag obair in aon institiúid tríú leibhéal sa tír nach bhfuil an tuiscint chéanna ag mic léinn ar chúrsaí gramadaí is a bhíodh – is cuma cén teanga atá i gceist. Ó éiríodh as múineadh na Laidine go forleathan sa tír seo agus i dtíortha eile ar fud iarthar domhain, níl an plé céanna ar siúl faoi cad is gramadach ann i measc mhúinteoirí agus dhaltaí meánscoile. Rud is measa ná sin, ní thig le múinteoirí teanga in ollscoil nó i gcoláiste tríú leibhéal ar bith talamh slán a dhéanamh de a thuilleadh go mbeidh buntuiscint ag an mac léinn ar ghramadach na máthairtheanga atá aige/aici, gan trácht ar bheith eolach nó inniúil ar ghramadach na sprioctheanga.

Chomh maith leis sin, tá scoláirí teangeolaíochta ag teacht ar thuiscint úr faoin dóigh a sealbhaíonn daoine teangacha agus gramadach theanga. Ní ar an dóigh chéanna a fhoghlaimíonn gach duine an dara nó an tríú teanga. Tá leabhair mhaithe ghramadaí ann, cuid acu an-chuimsitheach ar fad. Tá mé ag smaoineamh ar leithéidí *Graiméar Gaeilge na mBráithre Críostaí*, *Úrchúrsa Gaeilge*, nó *Réchúrsa Gramadaí*. Ach is minic is leabhair thagartha iad seo, a bhfuil i bhfad an iomarca eolais iontu don ghnáthmhac léinn nach bhfuil aige/aici ach an t-eolas is bunúsaí ar an ábhar. Cuireann leabhair throma ghramadaí drochmhisneach go minic ar fhoghlaimeoirí as méid an eolais atá le fáil iontu agus le foghlaim astu. Ina theannta sin, is minic nach mbíonn an leagan amach ar leabhar gramadaí ag teacht le riachtanais an fhoghlaimeora agus cuireann sé seo as go mór dó/di. Cé go bhfuil an chuid is mó de na mic léinn a théann ar aghaidh go dtí an t-oideachas tríú leibhéal réasúnta líofa sa teanga, de thairbhe go bhfuil béim an-mhór anois i múineadh teangacha ar an gcur chuige cumarsáideach, caithfear a rá go mbíonn an líofacht sin breac le dearmaid ghramadaí go minic. Is faoin mhúinteoir gramadaí agus faoin bhfoghlaimeoir araon atá sé tabhairt faoi gach gné de shealbhú na teanga le chéile, idir labhairt agus scríobh.

Is é atá i gceist leis an leabhar seo iarracht ar fhreastal ar riachtanais fhoghlaimeoirí tríú leibhéal agus fhoghlaimeoirí eile sa mhórphobal ar bhealach praiticiúil. Níl mé a mhaíomh gur téacs cuimsitheach tagartha é seo. Ní hin an aidhm atá fúm. Níorbh fhiú don saineolaí dul ar lorg eolais faoi phointe casta gramadaí sa saothar seo, óir theastaigh uaim a oiread den chastacht sin agus ab fhéidir liom a sheachaint. Is é atá mar sprioc agam na príomhréimsí den ghramadach a phlé ar bhealach atá sothuigthe chun gur fearr a thiocfaidh an fo-chéimí sa chéad bhliain ar an ollscoil isteach ar bhunphrionsabail agus bhunstruchtúir na teanga, agus go mbeidh sé/sí in ann tógáil ar an dúshraith sin sa dara agus sa tríú bliain ansin. Táthar ag glacadh leis nach mbeidh an oiread sin staidéir fhoirmiúil déanta ar an ngramadach ag an gcuid is mó de na daoine a úsáidfidh an leabhar. Tá súil agam go gcuideoidh an leabhar le daoine an sprioc atá luaite agam a bhaint amach.

Ba mhaith liom mo bhuíochas ó chroí a chur in iúl do na mic léinn uile a chuidigh liom an saothar seo a chur le chéile – go háirithe iad siúd a d'fhreastail ar sheimineáir agus ar chúrsaí liom i gColáiste Phádraig, Maigh Nuad (nó Ollscoil na hÉireann, Maigh Nuad mar atá anois air) agus i gColáiste Phádraig, Droim Conrach. Chabhraigh roinnt mhaith comhghleacaithe agus cairde liom nuair a bhí an saothar á réiteach don chló: an Dr Máirín Nic Eoin, (Coláiste Phádraig, Droim Conrach), a chéadspreag chun na hoibre mé agus a léigh cuid mhaith de na haonaid de réir mar a d'ullmhaigh mé iad; Éamonn Ó Dónaill, (Coláiste na hOllscoile, Baile Átha Cliath), a bhfuil a dhíograis agus a dhúthracht mar fhoinse inspioráide i gcónaí agam agus a chuidigh liom le cuid den ábhar; an Dr Liam Mac Mathúna, (Coláiste Phádraig, Droim Conrach), a bhronn a chuid eolais agus comhairle go fial orm; agus mórán cairde agus có-mhúinteoirí eile a chuidigh liom ar an iliomad bealaí ar liosta le háireamh ar fad iad. Gabhaim buíochas ó chroí libh go léir.

Ar deireadh thiar, ba mhaith liom mo bhuíochas a chur in iúl do Chaoilfhionn Nic Pháidín agus do Sheán Ó Cearnaigh ó Cois Life Teo., a thoiligh an saothar a chur i gcló an chéad lá riamh agus a chaith go fial flaithiúil gairmiúil ón tús liom, mar is dual dóibh. Níl a dhath eile fágtha le rá anois agam ach má tá locht ar bith ar an leabhar, gur mise amháin atá freagrach as.

Ciarán Mac Murchaidh
Roinn na Gaeilge
Coláiste Phádraig
Droim Conrach
Baile Átha Cliath 9

Lá Bealtaine, 2002

Giorrúcháin do Thagairtí

CG   *Ceart na Gaedhilge*, Cormac Ó Cadhlaigh (Cló Mellifont, Baile Átha Cliath, *gan dáta*)

CGA   *Cuir Gaeilge Air*, Antain Mac Lochlainn (Cois Life, Baile Átha Cliath, 2000)

CGCE   *Cruinneas Gramadaí agus Corrfhocal Eile*, Gearóid Stockman (Lagan Press, Béal Feirste, 1996)

CO   *Gramadach na Gaeilge agus Litriú na Gaeilge: An Caighdeán Oifigiúil*, (Oifig an tSoláthair, Baile Átha Cliath, 1979)

DG   *Dúchas na Gaeilge*, Maolmhaodhóg Ó Ruairc (Cois Life, Baile Átha Cliath, 1996)

EID   *English-Irish Dictionary*, Tomás de Bhaldraithe (Oifig an tSoláthair, Baile Átha Cliath, 1959)

FGB   *Foclóir Gaeilge-Béarla*, Niall Ó Dónaill (Oifig an tSoláthair, Baile Átha Cliath, 1977)

GG   *Gearrchúrsa Gramadaí*, Brian Mac Giolla Phádraig (Longman Brún agus Ó Nualláin, Baile Átha Cliath, *gan dáta*)

GGBC   *Graiméar Gaeilge na mBráithre Críostaí*, (An Gúm, Baile Átha Cliath, 1999)

GI   *Graiméar Iarbhunscoile*, (C. J. Fallon, Baile Átha Cliath, 1987)

GNG   *Gnás na Gaedhilge*, Cormac Ó Cadhlaigh (Oifig an tSoláthair, Baile Átha Cliath, 1940)

IG   *Irish Grammar: A Basic Handbook*, Noel McGonagle (Officina Typographica, 1988)

LT   *Lúth na Teanga*, Anraí Mac Giolla Chomhaill (An Clóchomhar Teo., Baile Átha Cliath, 1972)

LÚ   *An Lóchrann Úr*, Fideilme Ní Bhroin (Cló Oirghialla, Muineachán, 1974)

MLDL   *Maidir le do Litir*, Séamas Daltún (An Gúm, Baile Átha Cliath, 1998)

NGBC   *Nuachúrsa Gaeilge na mBráithre Críostaí*, (Clóchuallacht Chathail Teo., Baile Átha Cliath, 1979)

NIG   *New Irish Grammar*, Na Bráithre Críostaí (C. J. Fallon, Baile Átha Cliath 1990)

RG   *Réchúrsa Gramadaí*, Brian Mac Giolla Phádraig (Longman Brún agus Ó Nualláin, Baile Átha Cliath)

RT   *Rogha agus Togha*, Anraí Mac Giolla Chomhaill (An Clóchomhar Teo., Baile Átha Cliath, 1975)

SGA   *An Sloinnteoir Gaeilge agus an tAinmneoir*, Muiris Ó Droighneáin, eag. Micheál A. Ó Murchú (Coiscéim, Baile Átha Cliath, 1999)

ÚG   *Úrchúrsa Gaeilge*, Dónall P. Ó Baoill agus Conchúr Ó Rónáin (Institiúid Teangeolaíochta Éireann, Baile Átha Cliath, 1982)

ÚG[L]   *Úrchúrsa Gaeilge* [Eagrán Leasaithe], Dónall P. Ó Baoill agus Éamonn Ó Tuathail (Institiúid Teangeolaíochta Éireann, Baile Átha Cliath, 1992)

Giorrúcháin Eile

cf.	féach
.i.	eadhon
iol.	iolra
lch	leathanach
lgh	leathanaigh
msh	mar shampla
u.	uatha
§	alt
§§	ailt

Aonad 1: Na Téarmaí Gramadaí

Na Gutaí agus na Consain

Seo iad na gutaí a mbaintear úsáid astu sa Ghaeilge:

Na gutaí gairide:	*a, e, i, o, u*
Na gutaí fada:	*á, é, í, ó, ú*

Seo iad consain thraidisiúnta na Gaeilge:

b, c, d, f, g, h, l, m, n, p, r, s, t

Faightear na consain eile [*j, k, q, v, w, x, y, z*] i bhfocail iasachta agus i dtéarmaí matamaitice agus eolaíochta, de ghnáth.

Séimhiú

Is iad seo a leanas na naoi gconsan is féidir a shéimhiú. [Ní féidir na gutaí a shéimhiú.]

b, c, d, f, g, m, p, s, t

Ciallaíonn séimhiú go scríobhtar *h* díreach i ndiaidh an chéad chonsain san fhocal nuair atá cúis leis. Mar shampla, cuirtear séimhiú ar an ainmfhocal tar éis an Ailt (*an*) nuair atá an t-ainmfhocal baininscneach. Tarlaíonn sé seo i gcónaí ach amháin i gcás ainmfhocal a thosaíonn le *d*, *s*, nó *t*. Tugtar 'riail d-n-t-l-s' air seo uaireanta.

Ainmfhocal Baininscneach	Ainmfhocal Baininscneach le *an*
bean	an b*h*ean
cailc	an c*h*ailc
deirfiúr	an deirfiúr
filíocht	an f*h*ilíocht

Gaeltacht	an Ghaeltacht
Matamaitic	an Mhatamaitic
páirc	an pháirc
Síceolaíocht	an tSíceolaíocht
teanga	an teanga

Urú

Is iad seo a leanas na seacht gconsan is féidir a urú. Ciallaíonn urú go gcuirtear litir éigin roimh thúschonsan an ainmfhocail nuair atá cúis leis. Mar shampla, cuirtear urú ar thúschonsan an ainmfhocail má tá na huimhreacha *seacht, ocht, naoi,* nó *deich* roimhe.

Consan	Urú	Sampla
b	*m*b	i *m*Baile Átha Cliath
c	*g*c	ár *g*cairde
d	*n*d	i *n*deireadh na dála
f	*bh*f	ag an *bh*foireann
g	*n*g	ár *n*gaolta
p	*b*p	seacht *b*poll
t	*d*t	bhur *d*tuismitheoirí

Is é *n*- an t-urú a scríobhtar ar ghuta:

a/á	ár *n*-arán laethúil; líon na *n*-árasán
e/é	ocht *n*-eala; ceol na *n*-éan
i/í	trup na *n*-inneall; ocht *n*-íocaíocht
o/ó	líon na *n*-othar; ainmneacha na *n*-ógánach
u/ú	ag ithe na *n*-uibheacha; blas na *n*-úll

An tAinmfhocal

Focal a léiríonn duine, rud, áit nó idé:

m.sh.:   *fear, Máire, cat, bord, Éire, ciúnas.*

Inscne

Cur síos gramadúil ar ainmfhocal a bhfuil baint aige leis an dá ghnéas go minic ach ní i gcónaí. Tá dhá chineál inscne sa Ghaeilge: *firinscne* agus *baininscne*.

m.sh.: *fear* [f], *bean* [b], *múinteoir* [f], *Spáinnis* [b].

Uimhir

Rangú ainmfhocal de réir a gcuid foirmeacha *uatha* agus *iolra*.

m.sh.:					
Uatha:	*fear*	*bean*	*cailín*	*trá*	*craobh*
Iolra:	*fir*	*mná*	*cailíní*	*tránna*	*craobhacha*

Tuiseal

An fheidhm atá ag an ainmfhocal de réir an róil atá aige san abairt. Uaireanta tagann athrú ar litriú an ainmfhocail, ag brath ar an tuiseal ina bhfuil sé:

- **Ainmneach**: an t-ainmfhocal ina ainmní.
- **Cuspóireach**: an t-ainmfhocal ina chuspóir.
- **Tabharthach**: ainmfhocal a bhfuil réamhfhocal roimhe.
- **Ginideach**: athruithe a thagann ar dheireadh [agus ar thús] an ainmfhocail toisc go dtarlaíonn rud éigin chun na hathruithe a chur i bhfeidhm ar an ainmfhocal. Cuireann rudaí cosúil le seilbh; nó réamhfhocal comhshuite ag teacht roimh an ainmfhocal na hathruithe seo i bhfeidhm. [cf. Aonad 6 agus Aonad 8]
- **Gairmeach**: athruithe a thagann ar thús agus ar dheireadh an ainmfhocail nuair is duine/rud a bhfuiltear ag caint go díreach leis. Ainmneacha nó teidil daoine is mó atá i gceist leis an tuiseal seo.

17

m.sh.:

	Uatha	Iolra
Ainmneach:	D'ith *an fear* an dinnéar.	D'ith *na fir* an dinnéar.
Cuspóireach:	Lean an mac tíre *an fear.*	Lean an mac tíre *na fir.*
Tabharthach:	D'imigh sí leis *an bhfear.*	D'imigh sí leis *na fir.*
Ginideach:	D'ith madra hata *an fhir.*	D'ith madra hataí *na bhfear*
Gairmeach:	Bí i do shuí, *a fhir* a' tí!	Bígí i bhur suí, *a fheara*!

An Aidiacht
Focal a cháilíonn [.i. a thugann eolas breise] faoin ainmfhocal dúinn.

m.sh.: Tá madra *mór* amuigh ansin.
Tá cailíní *beaga* ag imirt cluichí amuigh ansin.

An Aidiacht Shealbhach
Focal a chuireann seilbh in iúl: mo, do, a [f], a [b], a [iol], ár, bhur.

m.sh.: mo *ch*óta; do *ch*óta; a *ch*óta [fear]; a cóta [bean]; ár *g*cótaí;
bhur *g*cótaí; a *g*cótaí.
m'aiste; *d*'aiste; a aiste [fear]a *h*aiste [bean]; ár *n*-aistí; bhur *n*-aistí; a *n*-aistí.

An Briathar
Focal a chuireann gníomh, staid, mothú nó mian in iúl, de ghnáth:

m.sh.: *buaileann; bíonn; cloisim; teastaíonn* uaithi.

An tAinm Briathartha
Focal a bhfuil feidhm ainmfhocail agus feidhm briathair aige. Nuair a úsáidtear leis an réamhfhocal simplí *ag* nó leis an mír bhriathartha *a* é, cuireann sé gníomh atá ar siúl nó an gníomhú a bhaineann leis an mbriathar áirithe atá i gceist in iúl. Is féidir leis feidhmiú mar ghnáth-ainmfhocal fosta.

18

m.sh.:   *ag léamh, ag ithe, ag éisteacht, ag dul.*
         a dhéanamh, a chur, a scríobh, a bhriseadh.

         Tá an éisteacht ag teip uirthi.
         Níl léamh ná scríobh ag an duine bocht.

An Dobhriathar

Focal, de ghnáth, a cháilíonn an briathar [.i. a thugann eolas breise faoin bhriathar dúinn], cé go bhfuil feidhmeanna eile aige freisin:

m.sh.:   *go mall, go flúirseach, go brónach, go mear.*
         rith **síos***; níl sé* **sách** *clúdaithe agam.*

An Aidiacht Bhriathartha

Foirm den bhriathar a chuireann deireadh gnímh in iúl. Tá feidhm aidiachta aige chomh maith.

m.sh.:   *déanta, scríofa, críochnaithe, ólta.*
         arán ite, deoch ólta, béile réitithe.

Réamhfhocal Simplí

Focal a thagann roimh an ainmfhocal agus a chuireann gaol le hainmfhocal nó eilimint eile sa chlásal nó san abairt in iúl: *ag, ar, as, chuig, dar, de, do, faoi, i, ionsar, le, ó, roimh, thar, trí, um.* Leanann an Tuiseal Tabharthach é.

m.sh.:   *an fear ar an ardán*; *an bhean leis an mála*; *an múinteoir atá i dtrioblóid.*

Réamhfhocal Comhshuite

Réamhfhocal simplí agus ainmfhocal leis: *i rith, le haghaidh, ar feadh, tar éis, os comhair.* Leanann an Tuiseal Ginideach é.

m.sh.:　　an oíche – i rith *na hoíche*
　　　　　an tseachtain – le haghaidh *na seachtaine*
　　　　　an lá – ar feadh *an lae*
　　　　　an ceacht – tar éis *an cheachta*

An Forainm [Pearsanta]

Focal a úsáidtear thar ceann ainmfhocail: *mé, tú, sé/é, sí/í, muid nó sinn, sibh, siad/iad.*

m.sh.:　　Tagann *sé* anseo go minic ach ní maith liom *é.*
　　　　　Bíonn *sí* ansin go rialta mar feicim go minic *í.*
　　　　　Bhí *siad* ar do lorg ar maidin. Nach bhfaca *tú iad?*

An Forainm Réamhfhoclach

Cónasc den fhorainm agus den réamhfhocal:

m.sh.:　　　　　*ar + mé = orm*　　*le + tú = leat*　　*do + é = dó*

Céimeanna Comparáide na hAidiachta

Na trí staid atá ag an aidiacht:

Bunchéim:	*ard*	*mór*	*sásúil*
Breischéim:	*níos airde*	*níos mó*	*níos sásúla*
Sárchéim:	*is airde*	*is mó*	*is sásúla*

Lagiolra agus Tréanolra

Ceann den dá shaghas Uimhir Iolra is féidir a bheith ann. Tá baint aige leis an Tuiseal Ginideach san Uimhir Iolra. Faightear lagiolraí agus tréaniolraí i dteangacha eile fosta.

Roinnt samplaí de lagiolraí:

fear > fir	*cat > cait*	*úll > úlla*	*páipéar > páipéir*
cos > cosa	*lámh > lámha*	*ceart > cearta*	*leabhar > leabhair*

Roinnt samplaí de thréaniolraí:

tír > tíortha	*ceol > ceolta*	*ceathrú > ceathrúna*
rí > ríthe	*trá > tránna*	*ceacht > ceachtanna*
áit > áiteanna	*coill > coillte*	*craobh > craobhacha*
feirm > feirmeacha	*comhartha > comharthaí*	

Cónasc
Focal nó grúpa focal a cheanglaíonn le chéile dhá chlásal, dhá fhocal nó dhá fhrása.

m.sh.:

Clásail:	Ith *agus* imigh!
Focail:	Séamas *nó* Máire
Frásaí:	D'iarr mé orthu fanacht anseo *ach* bheith ciúin

Cumasc
Dhá mhionfhocal nó níos mó agus iad táite le chéile: *dá* [*de* + *a*, nó *do* + *a*], *lena* [*le* + *a*].

m.sh.

Ceart:	**Mícheart:**
Thug mé an leabhar dá athair.	Thug mé an leabhar do a athair.
Fanann sí lena haintín i gCorcaigh.	Fanann sí le a haintín i gCorcaigh.

Infhilleadh
Seo an téarma a thugtar ar na hathruithe a thagann ar fhoirceann focal chun feidhmeanna éagsúla na bhfocal sin a thaispeáint. Is iad athruithe ó uatha go hiolra; ó thuiseal amháin d'ainmfhocal go tuiseal eile; ó fhréamh go haimsir éigin i gcás briathra.

> *bean > mná*;   *fear >* hata an *fhir*;
> *téigh > chuaigh*;   *buail > buailfidh*

Foirceann

Athrú a dhéantar ar bhunfhoirm focail nó ar fhréamh briathair chun feidhm nó ciall an bhunfhocail nó an bhunbhriathair a athrú.

Tagairtí:
GG: lgh 1-3
GGBC: lgh 12-17
GI: lgh 9-10
NGBC: lch 1
RG: lgh 1-7

Ceacht 1.1

Tá iarcheann Roinn na Gaeilge in Ollscoil na hÉireann, Baile Átha Cliath, an tOllamh Breandán Ó Buachalla, ceaptha ina Chomhalta Parnell sa Léann Éireannach i gColáiste Magdalen, Ollscoil Cambridge. Ceapachán bliana don bhliain 1998-1999 atá i gceist agus is é an tOllamh Ó Buachalla an chéad scoláire Gaeilge a bhfuil an gradam seo bronnta air. Bronnadh an gradam ar léachtóirí eile cheana, an Dr Joe Lee, Ollamh le Stair in Ollscoil na hÉireann, Corcaigh agus an Dr Denis Donoghue, Ollamh le Béarla in Ollscoil Nua Eabhrac.

Bhí an tOllamh Ó Buachalla ina ollamh le Teanga agus Litríocht na Nua-Ghaeilge in Ollscoil na hÉireann, Baile Átha Cliath idir 1978 agus 1996 agus ina ollamh ar cuairt le Léann Éireannach in Ollscoil Nua Eabhrac sa bhliain 1997. Le blianta beaga anuas tá dhá shaothar thábhachtacha foilsithe aige – *Aisling Ghéar* (An Clóchomhar) agus *An Caoine agus an Chaointeoireacht* (Cois Life).

Roghnaigh as an sliocht thuas:
   (a) DHÁ ainmfhocal san uimhir iolra
   (b) DHÁ shampla den ainmfhocal sa tuiseal tabharthach uatha
   (c) DHÁ shampla den aidiacht san uimhir iolra
   (d) DHÁ shampla den aidiacht bhriathartha
   (e) DHÁ shampla den réamhfhocal simplí.

Ceacht 1.2

Dhá áisínteacht a bheas san fhoras nua teangacha, a deir foinsí éagsúla sa státchóras – ceann don Ghaeilge agus ceann don Albanais Ultach. Beidh an dá cheann neamhspleách ar a chéile, agus is trí mheán na Gaeilge a bheas an ceann Gaeilge ag feidhmiú. Beidh a phríomhfheidhmeannach féin ag an bhforas féin. Go fiú an tuarascáil bhliantúil, beidh dhá chuid nó dhá thuairisc éagsúla inti, a deirtear. Go deimhin, ní bheidh ach foireann riaracháin an-bheag ag an bhforas féin – rúnaí agus b'fhéidir duine nó beirt eile. Meastar go mbeidh idir deichniúr agus cúigear déag le hearcú don fhoras, de bhreis ar an 30 duine atá ag obair do Bhord na Gaeilge cheana féin. Tá na socruithe uilig ag brath ar chinneadh polaitiúil, agus tharlódh sé go n-athrófaí iad ag an nóiméad deireanach. Ach faoi mar a sheasann rudaí faoi láthair, deirtear go mbeidh ceannáras an fhorais ag 7 Cearnóg Mhuirfean, Baile Átha Cliath – ceannáras Bhord na Gaeilge faoi láthair - agus go gcuirfidh na húdaráis oifig eile i mBéal Feirste ina mbeidh an fhoireann nua ag obair. Dúirt urlabhraí ar son Bhord na Gaeilge go gcuirfí fáilte mhór roimhe.

Roghnaigh as an sliocht sin thuas:

   (i)   DHÁ shampla den ainmfhocal dílis
   (ii) DHÁ shampla d'ainmfhocal baininscneach
   (iii) DHÁ shampla den bhriathar saor
   (iv) DHÁ shampla d'fhoirm spleách an bhriathair
   (v)   DHÁ shampla den fhorainm réamhfhoclach.

Ceacht 1.3

Tá aithne agam ar sheanbhean atá dall le blianta fada. Baintreach atá inti, agus ní heol dom go raibh aici ach an t-aon mhac amháin. Baintreach agus í dall – shílfeá ón gcaint sin gur bean bhocht a bheadh inti; shíleas féin i dtosach é nuair a fuaireas a tuairisc. Ach bhí dul amú orm agus dul amú mór. Bean shaibhir í; dá mbeadh an céadú cuid dá maoin agamsa, d'fhéadfainn gan faic a dhéanamh le mo bheo. Chuireas aithne uirthi i dtosach na Bealtaine atá imithe thart. Cuireadh ann mé ar theachtaireacht; ach nuair chonac an t-áras maorga, agus an chosúlacht a bhí ar an uile rud thart ann, shíleas ar ndóigh nach raibh mé san áit ar cuireadh mé – searbhóntaí agus gach aon tsórt thart orm gach uile choiscéim a shiúlfainn! Agus dúradh liom cuairt a thabhairt ar sheanbhean dhall a bhí ina cónaí sna sléibhte i gCill Mhantáin! Seoladh isteach sa seomra mé. Bhí sise ann romham: bean chaol chaite, aghaidh bhán leicthe uirthi agus cosúlacht ar an uile bhall di go raibh sí mórchúiseach mórálach. Is maith is cuimhneach liom an chéad amharc sin: bhí gúna dubh síoda uirthi, cathaoir mhór shuaimhnis fúithi, a cosa in airde ar stól, a cuid cniotála ar bord beag lena taobh – bhí sí ar nós deilbhe duibhe sa seomra mór galánta sin, gan cor aisti go labhraínn féin i dtosach. Beidh cuimhne agam air sin go ceann píosa fada!

Roghnaigh as an sliocht sin thuas:
  (i)   DHÁ ainmfhocal sa tuiseal ginideach
  (ii) DHÁ shampla d'ainmfhocal sa tuiseal tabharthach iolra
  (iii) DHÁ shampla den fhorainm réamhfhoclach
  (iv) DHÁ shampla den réamhfhocal comhshuite
  (v) DHÁ shampla d'aidiacht san uimhir uatha.

Aonad 2:   Úsáid Foclóirí

2.1

Tá i bhfad níos mó foclóirí Gaeilge-Béarla ar fáil anois ná riamh ach
ní leanann siad uile an córas céanna giorrúchán. I bhFoclóir Gaeilge-
Béarla Néill Uí Dhónaill [FGB], mar shampla, is as Béarla atá na
nodanna agus na giorrúcháin go léir. Ciallaíonn *f* 'feminine' agus *m*
'masculine'. I bhfoclóirí eile, áfach, is as Gaeilge atá na giorrúcháin agus
seasann *f* don fhocal 'firinscneach' agus *b* don fhocal 'baininscneach'. Ba
chóir don mhac léinn an córas atá in úsáid san fhoclóir atá aige/aici a
chinntiú sula dtosóidh sé/sí ag baint úsáide as.

2.2

Tá iontráil anseo thíos as FGB. Mínítear don léitheoir conas leas a bhaint
as an eolas atá ann le cuidiú leis gramadach an fhocail a thuiscint.

> **fear**[1], *m.* (*gs.* & *npl.* **fir,** *gpl.* ~; *pl. forms* ~**a,** ~**aibh,** *used in*
> *certain phrases*). **1.** Man. (*a*) ~ **singil, pósta,** single, married
> man. ~ **gaoil,** male relative.

Is é **fear** thuas an ceannfhocal. Insíonn an 'm' dúinn gur focal firinscneach
é seo. Is é a chiallaíonn 'gs.' agus 'npl.' ná Tuiseal Ginideach Uatha agus
Uimhir Iolra faoi seach. Tá a fhios againn, mar sin, go litrítear an focal
'fear' mar sin sna tuisil sin, [m.sh. '**ainm fir**' a man's name nó '**na fir**' the
men]. Seasann 'gpl.' don Tuiseal Gindeach Iolra. Ciallaíonn an '~' go
litrítear an focal mar an gcéanna leis an chaoi a litrítear sa cheannfhocal
é, [m.sh. '**ainmneach fear**', men's names]. Tugtar eolas breise ansin,
corruair. Sa chás seo, insíonn an foclóir dúinn go bhfuil frásaí áirithe
ann ina bhfaighimid an litriú '**feara**' nó '**fearaibh**'.

> **bean**[1], *f.* (*gs.* & *npl.* **mná,** *gpl.* **ban**). **1.** Woman. ~ **shingil,**
> **phósta,** single, married woman.

Sa sampla seo, is é 'bean' an ceannfhocal. Insíonn an 'f' dúinn gur focal baininscneach é seo. Tá a fhios againn an chiall atá leis na giorrúcháin eile ón sampla thuas.

Mar sin, faighimid an litriú '**mná**' ar '**bean**' sa Tuiseal Ginideach Uatha agus san Uimhir Iolra, [m.sh. '**ainm mná**' a woman's name nó '**na mná**' the women] Sa Tuiseal Ginideach Iolra, áfach, is '**ban**' atá le feiceáil, ['**ainmneacha ban**' women's names].

I bhfoclóirí áirithe, is minic a chuirtear an figiúr 1, 2, 3, 4, nó 5 i ndiaidh an cheannfhocail. Mar shampla, '**cosán**' (1); '**bábóg**' (2); '**múinteoir**' (3); '**oíche**' (4); '**Éire**' (5). Insíonn an uimhir seo dúinn an díochlaonadh lena mbaineann an t-ainmfhocal atá i gceist. Beidh liosta giorrúchán ag tús gach aon fhoclóra. Ba chóir don mhac léinn úsáid a bhaint as le ciall giorrúcháin nach dtuigeann sé a aimsiú.

Ceacht 2.1
Bain úsáid as an bhfoclóir le cuidiú leat Ginideach Uatha, Ainmneach Iolra, Ginideach Iolra agus Inscne na n-ainmfhocal seo a leanas a aimsiú.

Ainm. u.	Gin. u.	Ainm. iol.	Gin. iol.	Inscne
leabhar				
scoil				
múinteoir				
iománaíocht				

Ceacht 2.1 (ar lean.)

Ainm. u.	Gin. u.	Ainm. iol.	Gin. iol.	Inscne
balla				
farraige				
comharsa				
litir				
talamh				
teach				
Éire				
deoch				
lá				
deirfiúr				
mí				
leaba				
Nollaig				
cara				

Ceacht 2.1 (ar lean.)

Ainm. u.	Gin. u.	Ainm. iol.	Gin. iol.	Inscne
athair				
monarcha				

Aonad 3: Inscne

3.1 Firinscne agus Baininscne

3.1.1 Tá dhá shaghas inscne sa Ghaeilge: FIRINSCNE agus BAININSCNE. Mar sin, bíonn ainmfhocal FIRINSCNEACH nó BAININSCNEACH.

3.1.2 Níl mórán rialacha cinnte ann faoi inscne an ainmfhocail, ach is féidir brath ar go leor leideanna ag an am céanna. Féachaimis ar na hainmfhocail fhirinscneacha ar dtús agus ansin ar na hainmfhocail bhaininscneacha.

Firinscneach

3.1.3 Ainmfhocail a thagraíonn (a) do rudaí atá fireann, (b) go ginearálta do shlite beatha nó do dhaoine le saincháilíochtaí:-

(a) buachaill, fear, gasúr, mac, tarbh, athair, buachaill.

(b) léachtóir, búistéir, rúnaí, síceolaí, ailtire, léachtóir.

3.1.4 Ainmneacha pearsanta na bhfear:-

Peadar, Tomás, Ciarán, Éamann.

3.1.5 Tugann an treoir atá luaite in (i) thíos, na hiarmhíreanna gníomhaí in (ii) agus an iarmhír -ch a fhréamhaíonn ó logainmneacha nó sloinnte in (iii) thíos le fios go bhfuil an t-ainmfhocal atá i gceist sna grúpaí sin FIRINSCNEACH.

(i) Ainmfhocail a chríochnaíonn ar chonsan leathan, go háir-ithe más consan *fada* leathan atá ann (.i. -án, -ód, -ús srl.).

29

(ii) Iarmhíreanna gníomhaí:

-(a)ire	an t-iascaire, an t-ailtire
-(a)í	an rúnaí, an t-oibrí
-álaí	an ceanntálaí, an tarrthálaí
-éir	an búistéir, an báicéir
-eoir	an múinteoir, an feirmeoir
-óir	an cúntóir, an léachtóir
-úir	an dochtúir, an táilliúir

(iii) Ainmfhocail ó shloinnte:

Ó Ríordáin	an Ríordánach
Ní Dhomhnaill	an Domhnallach
Ó Direáin	an Direánach
Ní Shúilleabháin	an Súilleabhánach

Baininscneach

3.1.6   Ainmfhocail a thagraíonn do rudaí baineannacha:

baintreach, bean, bó, girseach, iníon, deirfiúr.

3.1.7   Ainmneacha pearsanta na mban:

Cáit, Róisín, Máire, Nuala, Áine.

3.1.8   Tugtar roinnt deirí anseo. Níl an liosta cuimsitheach, ach má chríochnaíonn an t-ainmfhocal ar aon cheann de na deirí seo, bíonn sé BAININSCNEACH:-

-óg	an bhróg, an ordóg
-eog	an fhuinneog, an bhileog
-lann	an phictiúrlann, an bhialann, an otharlann

-(a)íocht	an eolaíocht, an fhilíocht
-(e)acht *(ilsiollach)*	an ghluaiseacht, an mhallacht
	[Eisceacht: an comhlacht]
-(i)úint	an chanúint, an oiliúint
-(a)ilt	an oscailt, an tochailt
-áint	an iomáint, an tiomáint
-irt	an imirt, an abairt
-is	an uirlis
-ís	an fhís, an mhailís
-aois	an chalaois
-(a)íl	an fheadaíl
-(e)áil	an phróiseáil, an phacáil

3.1.9   Formhór na n-ilchríoch, na dtíortha agus na n-aibhneacha:-

An Eoraip, An Áise, An Afraic, An Ghearmáin, An Fhrainc, An Iodáil, An tSín, An Éirne, An Danóib, An Bhóinn, An tSionainn.

N.B.   Tá *Sasana, Meiriceá* agus *Ceanada* agus corrcheann eile firinscneach. Is fiú féachaint ar lgh 509-515 den *Foclóir Póca – Irish Dictionary*, (An Gúm, Baile Átha Cliath, 2001) chun liosta cuimsitheach a cheadú.

3.1.10   Ainmneacha teangacha:-

An Ghearmáinis, An Iodáilis, An tSínis, An Spáinnis.

N.B.   Tá *Béarla* firinscneach.

3.1.11   Bíonn ainmfhocail theibí (cf. Aonad 20) a chríochnaíonn ar -*e* nó ar -*í* baininscneach de ghnáth.

31

airde, gile, laige, sláinte, amaidí, imní.

3.2 Athruithe Tosaigh san Ainmneach Uatha agus Iolra

3.2.1 Nuair atá inscne an ainmfhocail ar eolas againn agus má theastaíonn uainn an tAlt *(an)* a chur roimhe, tarlaíonn athruithe áirithe ar thús an fhocail. Féach ar an liosta thíos:-

Focal ag Tosú le	Inscne	Athrú	Samplaí
a] CONSAN	Firinscneach	Ø*	an mála an crann an coláiste
b] GUTA	Firinscneach	*t-*	an *t-*arán an *t-*éan an *t-*iasc an *t-*olc an *t-*úll
c] CONSAN	Baininscneach	*-h-*	an b*h*ean an f*h*adhb an g*h*rian
d] GUTA	Baininscneach	Ø*	an aiste an eitpheil an iris an ordóg an útamáil

*Ciallaíonn Ø nach mbíonn athrú ar bith le feiceáil.

Focal ag Tosú le	Inscne	Athrú	Samplaí (ar lean)
e] s + Guta/ (sl, sn, sr)	Baininscneach	t	an tsáinn an tseift an tsian an tsochaí an tsúil an tsláinte an tsnaidhm an tsráid

Achoimre

3.2.2   Tá sé feicthe againn go dtí seo go dtarlaíonn na hathruithe seo a leanas d'ainmfhocal nuair a thagann an tAlt (*an*) roimhe:

An + Ainmfhocal Firinsnceach
an roimh chonsan = faic
an roimh ghuta = t-
an roimh *s* = faic
Samplaí:
an bus, an ceann, an clúdach, an marcach, an solas
an t-arán, an t-éan, an t-iasc, an t-othar, an t-úll, an seans.

An + Ainmfhocal Baininscneach
an roimh chonsan = séimhiú
an roimh ghuta = faic
an roimh *sa-, se-, si-, so-, su-, sl-, sn-, sr-* = t
Samplaí:
an bhean, an fhuinneog, an ghirseach, an chamógaíocht
an ordóg, an iomaíocht, an otharlann, an chuileog
an tsaotharlann, an tsaint, an tseachtain, an tsráid.

3.3   Athruithe Deiridh san Ainmneach Iolra

3.3.1   Go bunúsach, is é rud atá i gceist leis an Ainmneach Iolra gnáthuimhir iolra an ainmfhocail.

3.3.2   Tá dhá chineál iolra ag ainmfhocail na Gaeilge: lagiolra agus tréaniolra. Athraítear ainmfhocail éagsúla ón Uimhir Uatha go dtí an Uimhir Iolra ar dhóigheanna éagsúla ag brath ar cé acu atá siad lag nó tréan.

3.3.3   Tá dhá phríomhghrúpa i gceist leis na lagiolraí:

(a)   Ainmfhocail a chríochnaíonn ar chonsan caol san Uimhir Iolra:

fear	*fir*
leabhar	*leabhair*
taoiseach	*taoisigh*
marcach	*marcaigh*

(b)   Ainmfhocail a gcuirtear *-a* leis an Uimhir Uatha chun an Uimhir Iolra a chumadh:

bróg	*bróga*
cos	*cosa*
léachtlann	*léachtlanna*
ceart	*cearta*

3.3.4   Is sa Chéad Díochlaonadh a fhaightear na hainmfhocail a chríochnaíonn ar chonsan caol mar atá in 3.3.3(a) thuas. Baineann an chuid is mó de na hainmfhocail a chríochnaíonn ar *-a* san Uimhir Iolra, mar atá in 3.3.3(b) thuas, leis an Dara Díochlaonadh, cé go bhfuil grúpaí beaga acu le fáil sa Chéad agus sa Tríú Díochlaonadh.

3.3.5   Críochnaíonn tréaniolraí ar cheann amháin de na deirí seo a leanas: *-ta, -te, -tha, -the, -na, -nna, -anna, -eanna, -acha, -eacha, -í* nó *-aí.* Is mar seo a leanas a aithnímid an deireadh atá riachtanach don ainmfhocal atá i gceist.

(a) Ainmfhocail dar críoch –ta / -te, -tha / -the:

Nuair a chríochnaíonn ainmfhocal aonsiollach ar *–l* nó *–n* a bhfuil défhoghar nó guta leathan roimhe, cuirtear *–ta* nó *–te* leis san Uimhir Iolra.
samplaí
1ú Díochlaonadh   *dán > dánta; pian > pianta; scéal > scéalta*
2ú Díochlaonadh   *buíon > buíonta; coill > coillte*
3ú Díochlaonadh   *cluain > cluainte; gleann > gleannta*

Nuair a chríochnaíonn ainmfhocal ar *–í, -é* nó *–aoi*, nó le *–r* a bhfuil guta fada nó défhoghar roimhe san Uimhir Uatha, cuirtear *–tha* nó *–the* leis san Uimhir Iolra.
samplaí
1ú Díochlaonadh   *glór > glórtha; scór > scórtha*
2ú Díochlaonadh   *tír > tíortha; spéir > spéartha*
4ú Díochlaonadh   *contae > contaetha; croí > croíthe;*
                     *ainmhí > ainmhithe**

*Má tá an focal a chríochnaíonn ar *–í* san Uimhir Uatha déshiollach, imíonn an síneadh fada san Uimhir Iolra.
samplaí   *oibrí > oibrithe; eolaí > eolaithe*

(b) Ainmfhocail dar críoch –na, -nna, -anna, -eanna:

Is ainmfhocail aonsiollacha atá i gceist seachas cúpla eisceacht. Is sa Chúigiú Díochlaonadh a fhaightear an deireadh *–na*. Críochnaíonn an Uimhir Uatha ar *–a* nó *–ú*, de ghnáth.

samplaí

5ú Díochlaonadh comharsa > comharsana;
ceathrú > ceathrúna;
monarcha > monarchana;
deachú > deachúna

Cuirtear *–nna* le hainmfhocail sa Cheathrú Díochlaonadh (i) atá aonsiollach san Uimhir Uatha agus a chríochnaíonn ar ghuta fada, *-á*, *-ó*, nó *–ú* de ghnáth; (ii) atá déshiollach san Uimhir Uatha agus a chríochnaíonn ar *–a*. Níl ach grúpa beag i gceist anseo.

samplaí

(i)   íomhá > íomhánna; trá > tránna; ceo > ceonna; cnó > cnónna; brú > brúnna; cú > cúnna

(ii)   rogha > roghanna; bua > buanna

Cuirtear *–anna* le hainmfhocail aonsiollacha a chríochnaíonn ar chonsan leathan san Uimhir Uatha, agus cuirtear *–eanna* le hainmfhocail aonsiollacha a chríochnaíonn ar chonsan caol san Uimhir Uatha. Féach ar na samplaí seo thíos.

-anna

1ú Díochlaonadh   bás > básanna; stad > stadanna
2ú Díochlaonadh   fadhb > fadhbanna;
sp/ sprioc > spriocanna
3ú Díochlaonadh   am > amanna; dath > dathanna;
rang > ranganna
4ú Díochlaonadh   bus > busanna; club > clubanna;
pas > pasanna;
stop > stopanna; téacs > téacsanna;
tram > tramanna

-eanna

2ú Díochlaonadh	áit > áiteanna; beirt > beirteanna; ceist > ceisteanna; sráid > sráideanna
4ú Díochlaonadh	seic > seiceanna

(c) Ainmfhocail dar críoch –acha *nó* –eacha:
Tá na deirí seo le feiceáil sna díochlaontaí ar fad. Mar sin, is fearr amharc ar gach díochlaonadh ann féin.

1ú Díochlaonadh

Ainmfhocail dhéshiollacha a chríochnaíonn ar –*l*, -*n*, nó –*r* agus guta leathan roimhe.

cineál > cineálacha   leagan > leaganacha
tobar > toibreacha

2ú Díochlaonadh

Ainmfhocail dhéshiollacha a chríochnaíonn ar –*l*, -*n*, nó –*r* agus guta leathan nó caol roimhe.

carraig > carraigeacha   craobh > craobhacha
feirm > feirmeacha   iníon > iníonacha
iall > iallacha   paidir > paidreacha

3ú Díochlaonadh

Ainmfhocail a chríochnaíonn ar –*l*, -*n*, nó -*r* agus guta caol roimhe.

admháil > admhálacha   barúil > barúlacha
canóin > canónacha   inneoin > inneonacha
éagóir > éagóracha   onóir > onóracha

4ú Díochlaonadh

Roinnt ainmfhocal a chríochnaíonn ar chonsan nó ar ghuta

agus a mbíonn an deireadh -*(e)acha* acu san uimhir iolra.

ainm > ainmneacha   teanga > teangacha

5ú Díochlaonadh
Ainmfhocail a chríochnaíonn ar –*l*, -*n*, nó –*r* agus guta caol roimhe.

canáil > canálacha   riail > rialacha
traein > traenacha   cáin > cánacha
litir > litreacha   treoir > treoracha

(d) Ainmfhocail dar críoch –í nó –aí:

De ghnáth, ní fhaighimid an deireadh –*í* nó –*aí* ach ag ainmfhocail ilsiollacha. Tabhair faoi deara, áfach, leithéidí: *rud* > *rudaí*.

1ú Díochlaonadh
Ainmfhocail a chríochnaíonn ar –*(e)ach* nó ar –*(e)adh*.

bealach > bealaí   éadach > éadaí
orlach > orlaí   soitheach > soithí
deireadh > deirí   geimhreadh > geimhrí

2ú Díochlaonadh
Ainmfhocail a chríochnaíonn ar chonsan caol.

abairt > abairtí   aisling > aislingí
earráid > earráidí   eaglais > eaglaisí
seachtain > seachtainí tuairisc > tuairiscí

3ú Díochlaonadh
Ainmfhocail a chríochnaíonn ar –*éir, -eoir, -óir, -(i)úir, -cht, -úint,* nó -*irt*.

siúinéir > siúinéirí   múinteoir > múinteoirí

38

cúntóir > cúntóirí   saighdiúir > saighdiúirí
cáilíocht > cáilíochtaí   canúint > canúintí
bagairt > bagairtí

4ú Díochlaonadh

Ainmfhocail a chríochnaíonn ar *–ín* nó *–a* nó *–e* agus consan díreach roimhe.

toitín > toitíní   coinín > coiníní
báidín > báidíní   balla > ballaí
fáinne > fáinní   aiste > aistí

5ú Díochlaonadh

Uimhreacha iolra na bhfocal seo a leanas: *fiche, tríocha, daichead, caoga, seasca, seachtó, ochtó, nócha,* agus roimh chúpla ainmfhocal mírialta: *Nollaig, díle, ealta.*

fiche > fichidí   tríocha > tríochaidí
daichead > daichidí   caoga > caogaidí
seasca > seascaidí   seachtó > seachtóidí
ochtó > ochtóidí   nócha > nóchaidí
Nollaig > Nollaigí   díle > dílí
ealta > ealtaí

Tagairtí:
Inscne
GGBC: §§ 8.3-8.16
GI: lgh 11-12
IG: lgh 4-6
NIG: lgh 10-11
ÚG[L]: §1.3

Athruithe Tosaigh & Deiridh
CO: lgh 5-24

NGBC: lgh 78-9
RG: lgh 78-9
ÚG[L]: lgh 11-14

Ceacht 3.1

Abair cén inscne atá ag na hainmfhocail seo a leanas. Scríobh an focal amach i do leabhar nótaí agus cuir *f* nó *b* lena thaobh.

ceaintín	séipéal	halla	amharclann
léachtóir	bord	filíocht	traenáil
peil	fealsúnacht	fillteán	téacs
ceolchoirm	staidéar	Fraincis	leabhrán
clós	teach	díospóireacht	tíreolaíocht
gairdín	tiomáint	iascaire	seimeastar
pictiúr	Albain	Sionainn	coláiste
saotharlann	Iodáilis	páirc	teach
iománaíocht	Gaeilge	leabhar	dán
bus	páirceáil	saotharlann	cláraitheoir
cistin	gluaiseacht	Sasana	rúnaí
tarbh	seirbhís	árasán	camógaíocht
Stair	ríomhaire	scéal	tobac
próiseáil	cartlann	stiúrthóir	cruinneog
ceacht	Ceanada	rí	sicín

Ceacht 3.2

(a) Cuir an tAlt Uatha (*an*) roimh na hainmfhocail seo thíos agus déan cibé athrú is gá. Scríobh na focail amach i do leabhar nótaí.

(b) Nuair atá sé sin déanta agat, cuir an tAlt Iolra (*na*) roimh na hainmfhocail chéanna agus déan cibé athrú is gá. Fág amach an grúpa deireanach an uair seo [Matamaitic, Socheolaíocht srl.] Scríobh na freagraí amach i do leabhar nótaí. Ná déan dearmad go mbeidh ort uimhir iolra an ainmfhocail a aimsiú chomh maith le haon athrú

40

tosaigh a bheidh le déanamh agat.

amhrán	oifigeach	fostóir	bealach
tuairisc	dochtúir	canúint	botún
gaol	sloinne	comhaltas	anlann
samhradh	bábóg	forbairt	eagarthóir
nuachtlitir	geallúint	bainis	príosún
seamróg	feirmeoir	balla	cipín
máthair	ceannaire	comhlacht	cuireadh
pictiúrlann	anáil	údar	aiste
teagascóir	bileog	cathaoir	uachtarlann
oiniún	cailín	capall	coinníoll
fógra	oíche	maidin	bóthar
guthán	parlús	farraige	ambasadóir
rannóg	barúil	pictiúrlann	rothar
garda	muc	leathanach	balla
cúrsa	tionscnamh	cosán	athair
Matamaitic	Socheolaíocht	Iodáil	Éirne
Astráil	Síceolaíocht	Frainc	Gréigis
Ísiltír	Iosrael		

Aonad 4: Na Tuisil sa Ghaeilge

Is é a chiallaíonn an focal 'tuiseal' ná foirm den ainmfhocal atá faoi thionchar focail eile in abairt. Tá cúig thuiseal sa Ghaeilge - an tAinmneach, an Cuspóireach, an Tabharthach, an Ginideach agus an Gairmeach.

4.1 An Tuiseal Ainmneach

Bíonn ainmfhocal nó forainm sa Tuiseal Ainmneach nuair is é *an t-ainmní* san abairt é. Is é an t-ainmní a dhéanann an gníomh san abairt. De ghnáth, tagann an t-ainmní díreach i ndiaidh an bhriathair:

Tháinig *Tadhg* isteach. D'imigh *Fionnuala* amach.
Thit *an madra,* ach d'éirigh *sé* arís.

Tá na focail *Tadhg, Fionnuala, madra* agus *sé* sa Tuiseal Ainmneach.

4.2 An Tuiseal Cuspóireach

Bíonn ainmfhocal nó forainm sa Tuiseal Cuspóireach nuair is é *an cuspóir* san abairt é. Is é an cuspóir an duine, nó an rud san abairt a ndéantar an gníomh air:

Dhún Tadhg *an doras* agus d'oscail sé *an fhuinneog.*
Cheannaigh Pilib *milseáin* agus d'ith sé *iad.*

Tá na focail *doras, fuinneog, milseáin* agus *iad* sa Tuiseal Cuspóireach.

4.3 An Tuiseal Tabharthach

Leanann an Tuiseal Tabharthach an chuid is mó de na

Réamhfhocail Shimplí. Cad iad na Réamhfhocail Shimplí? Seo liosta díobh:

ag, ar, as, chuig, de, do, faoi, go, i, ionsar, le, ó, roimh, thar, trí, um.

ag an tine	ar scoil	as baile
chuig Máire	faoi rún	go Gaillimh
i siopa	le meas	um Nollaig
leis an gcailín		

Tá na hainmfhocail *tine, scoil, baile, Máire, rún, Gaillimh, siopa, meas, Nollaig* agus *cailín* sa Tuiseal Tabharthach toisc go bhfuil réamhfhocal simplí rompu.

4.4 An Tuiseal Gairmeach

Baintear úsáid as an Tuiseal Gairmeach nuair a bhítear ag caint le daoine, le hainmhithe nó le rudaí. Cuirtear *a* roimh an ainmfhocal agus séimhiú ar thúschonsan an ainmfhocail, más féidir.

m.sh.

Díochlaonadh	Gairmeach Uatha	Gairmeach Iolra
1ú	a fhir!	a fheara!
2ú	a ghirseach!	a ghirseacha!
3ú	a mhúinteoir!	a mhúinteoirí!
4ú	a bhanaltra!	a bhanaltraí!
5ú	a chara!	a chairde!

4.5 An Tuiseal Ginideach

Tá an Tuiseal Ginideach tábhachtach mar nuair a tharlaíonn sé, tagann athrú ar chruth an ainmfhocail dá bharr:

T. Ainmneach	T. Ginideach
an post (1f)	fear an p*h*oist
an fhuinneog (2b)	barr *na* fuinneo*ige*
an t-am (3f)	i rith an am*a*
an bhliain (3b)	tús *na* blian*a*
an contae (4f)	ainm an c*h*ontae
an fharraige (4b)	cois *na* farraige
an chathair (5b)	lár *na* cath*rach*
an chomharsa (5b)	teach *na* comharsa*n*

Is féidir a fheiceáil go dtagann athrú cuibheasach mór ar an ainmfhocal idir an Tuiseal Ainmneach agus an Tuiseal Ginideach. Cén fáth a dtarlaíonn an t-athrú seo? Tabhair buille faoi thuairim.

4.5.1   Tá sé phríomhócáid a chaithfimid ainmfhocal a chur sa Tuiseal Ginideach:

(a)   *Seilbh [Úinéireacht]*
        Más le duine éigin, rud éigin:

leabhar + Seán	= leabhar *Sheáin*
cóta + Máire	= Cóta *Mháire*
Coláiste + Íosagán	= Coláiste *Íosagáin*
carr + Séamas	= carr *Shéamais*
Ollscoil + Éire	= Ollscoil *na hÉireann*

(b)   *Ainm briathartha*
        Nuair a chuirtear gnímh in iúl:

T. Ainmneach	T. Ginideach
peil	ag imirt *peile*
an fhuinneog	ag glanadh *na fuinneoige*
an aiste	ag scríobh *na haiste*

44

an fhilíocht	ag foghlaim *na filíochta*
an t-urlár	ag scuabadh *an urláir*
an bia	ag ithe *an bhia*
an páipéar	ag léamh *an pháipéir*
an t-úll	ag ithe *an úill*

(c)   Nuair a úsáidtear Réamhfhocal Comhshuite, cuirtear ainmfhocal a thagann tar éis Réamhfhocail Chomhshuite sa Ghinideach:

T. Ainmneach	*T. Ginideach*
an oíche (4b)	ar feadh *na hoíche*
an domhan (1f)	ar fud *an domhain*
an tseachtain (2b)	go ceann *seachtaine*
an geimhreadh (1f)	i lár *an gheimhridh*
an samhradh (1f)	le linn *an tsamhraidh*
an balla (4f)	in aghaidh *an bhalla*

(d)   Nuair a thagann dhá ainmfhocal le chéile, cuirtear an dara ceann sa Tuiseal Ginideach:

T. Ainmneach	*T. Ginideach*
an máistir	caint *an mháistir*
an madra	tafann *an mhadra*
an taisceadán	eochair *mo thaisceadáin*
an oifig	doras *na hoifige*
an ghealach	solas *na gealaí*
an obair	tús maith, leath *na hoibre.*

(e)   Tar éis Réamhfhocal Simplí áirithe: *chun, cois, dála, timpeall* agus *trasna* leanann an Tuiseal Ginideach na focail seo i gcónaí:

T. Ainmneach	T. Ginideach
an Ghaeltacht	chun *na* Gaeltacht*a*
an scoil	chun *na* scoil*e*
an fharraige	cois *na* farraige
an tine	cois *na* tine
an scéal	dála an scé*i*l
an chathair	timpeall *na* cath*rach*
an baile	timpeall an b*h*aile
an tsráid	trasna *na* sráid*e*
an domhan	trasna an domha*i*n

(f)   *An Ginideach Rannaíoch*
Ciallaíonn sé seo go gcuireann focail nó frásaí cosúil
le *a lán, an iomad, an iomarca, barraíocht, beagán,
beagáinín, cuid, dóthain, go leor, méid, níos mó, níos lú,
oiread, roinnt* an t-ainmfhocal a leanann iad sa Tuiseal
Ginideach.

m.sh.

airgead	a lán airg*id*
obair	an iomad o*ibre*
béim	an iomarca béim*e*
trioblóid	barraíocht trioblóid*e*
caint	beagán caint*e*
suim	beagáinín suim*e*
am	mo chuid am*a*
fuinneamh	a dóthain fuinn*imh*
fíon	go leor fíon*a*
páipéar	an méid páip*éir*
ocras	níos mó ocr*ais*
im	níos lú im*e*
ciall	oiread c*éille*
eolas	roinnt eol*ais*

Tagairtí:
GG: lgh 50-1
GI: lgh 13-4
NIG: lgh 9-11
RG: lgh 72-3; 236-243

Ceacht 4.1

Abair cén tuiseal ina bhfuil na hainmfhocail seo a leanas atá sa chló iodálach.

(a) Ghoid an *madra bróg* as an *gcistin*.

(b) A *Bhríd*, an bhfaca tú mo *hata* in *áit* ar bith?

(c) Rachaidh *Tomás* agus *Siobhán* chun na *Fraince* ar *laethanta saoire*.

(d) Is go *Doire* a chuaigh mo *dheartháir* chun an t-agallamh a dhéanamh.

(e) Scríobh *Fiona* a *hainm* ar *chlúdach* an *téacsleabhair*.

(f) Chuaigh *Séamas* go *Baile Átha Cliath* ar an *traein*.

(g) Bhailigh na *mic léinn* cuid mhór *airgid* le bronnadh ar an *oibrí carthanachta*.

(h) Fuair *Ciara euro* ina luí ar na *céimeanna* agus chuir sí ina *póca* é.

(i) "A *mhúinteoir*, ba mhaith liom an *ceacht* a dhéanamh níos déanaí inniu."

(j) Chonaic mé *gluaisteáin* agus *rothair* ar an *mbóthar*.

(k) Stad an *t-otharcharr* ag doras an *ospidéil* agus thug na *dochtúirí* an *fear* gortaithe isteach.

(l) Tá na *haistí* uile déanta aici anois, ach caithfidh sí *tionscnamh* mór amháin eile a chríochnú.

(m) Tá an-chuid *eolais* ag an *léachtóir* atá againn sa *Stair*.

(n) "A *fheara*, nach bhfuil sibh réidh leis an *obair* sin go fóill?" arsa bean a' tí.

Aonad 5: An Réamhfhocal Simplí

5.1 Réamhfhocail Shimplí roimh Chonsain

5.1.1 Is é atá i gceist le Réamhfhocal Simplí ná focal a thagann roimh an ainmfhocal agus a chuireann gaol le hainmfhocal nó eilimint eile sa chlásal nó san abairt in iúl. Is iad na réamhfhocail shimplí atá sa Ghaeilge: *ag, ar, as, chuig, de, do, faoi, gan, go, i, idir, ionsar, le, mar, ó, roimh, seachas, thar, trí, um.* Cuireann cuid acu séimhiú ar an ainmfhocal agus cuid acu urú. Uaireanta ní thagann athrú ar bith ar an ainmfhocal i ndiaidh an réamhfhocail. Déantar cur síos ar na hathruithe éagsúla anseo thíos.

de, do, faoi, mar, ó, roimh, trí, um	ag, as, chuig, go, le, seachas	ar, gan, idir, thar	i
Cuitear séimhiú ar ainmfhocail a leanann iad.	*Ní chuirtear séimhiú ar ainmfhocail a leanann iad.*	*Cuirtear séimhiú ar ainmfhocail a leanann iad i gcásanna áirithe.*	*Cuirtear urú ar ainmfhocail a leanann é i gcónaí.*
Thit sé de thimpiste.	Tá an carr ag Ciarán.	*Le séimhiú* Thit an balla ar Pheadar.	Ba mhaith liom bheith i mo chónaí i nGort a' Choirce.
Thug mé leabhar do Chiara.	As Corcaigh ó dhúchas mé.	Bhí an scannán gan mhaith.	
Tháinig sé abhaile faoi dheireadh.	Scríobh sí litir chuig Síle.	Bhí idir chailíní agus bhuachaillí sa rang agam.	I gCill Áirne a bhí siad ar laethanta saoire.
Ba mhaith liom bheith ag obair mar fhiaclóir.	Ba mhaith liom dul ar saoire go Páras.	Níor fhan sé thar bhliain ann.	
Roimh theacht N. Pádraig go hÉirinn.	Tá Tomás ag siúl amach le Fiona.	*Gan séimhiú* Bhí siad ar crith le heagla.	
Buailfidh mé leat um thráthnóna.	Rachaidh mé aon áit leat seachas Béal Feirste.	Rinne sé é gan cúis mhaith.	
		Tá turas fada idir Ard Mhacha agus Ciarraí.	
		Bhí an damhsa thar barr.	

5.1.2   Leanann séimhiú *ar* nuair is suíomh nó ionad áirithe a bhíonn i gceist:

Tá lúcháir ar Bhríd nár theip uirthi sna scrúduithe.
Is ar mhórán saothair a d'éirigh leis sna scrúduithe.

5.1.3   Ní leanann séimhiú *ar*:

- má tá ionad ginearálta i gceist: *ar muir, ar bord*
- má tá staid nó coinníoll i gceist: *ar ceal, ar meisce, ar siúl, ar crith, ar conradh*
- má tá tagairt do chúrsaí ama i gceist: *ar ball, ar maidin*

5.1.4   Cuirtear séimhiú ar thúschonsan an ainmfhocail i ndiaidh *gan*, má tá sé ina aonar. Má thosaíonn an t-ainmfhocal le *d, f, s* nó *t* ní féidir an túschonsan a shéimhiú.

gan chead
ACH
gan deacracht

gan mháthair
ACH
gan fadhb

gan bhriseadh
ACH
gan sos

gan phingin
ACH
gan tuairisc

Ní chuirtear séimhiú ar ainmfhocal i ndiaidh *gan* má leanann aidiacht nó fochlásal nó ainm dílis é.

gan *p*ingin rua
gan *c*orraí as an áit
gan *S*eán

5.1.5 Cuireann *idir* séimhiú ar an ainmfhocal ina dhiaidh nuair a chiallaíonn sé 'i measc' nó 'iad araon' nó nuair a bhíonn liosta i gceist.

Bhí idir b*h*uachaillí agus *c*hailíní sa rang agam.
Tá idir g*h*aolta agus *c*hairde ag an bpósadh seo inniu.

Ní shéimhíonn *idir* má tá achar (spás) nó am i gceist.

idir Baile Átha Cliath agus Corcaigh;
idir meán oíche agus a dó a chlog.

5.1.6 Cuireann *thar* séimhiú ar an ainmfhocal ina dhiaidh nuair atá an t-ainmfhocal nó an t-ainm briathartha faoina réir.

Ní raibh thar thriúr ann.
Níl d'aiste thar mholadh beirte.

Ní leanann séimhiú *thar* i bhfrásaí áirithe ina bhfuil ainmfhocal éiginnte gan cháiliú agus a bhfuil ciall ghinearálta leo.

Bhí an bhean sin thar sáile go minic.
Chuaigh na mic léinn thar fóir leis an agóid.

5.2 Réamhfhocail Shimplí roimh Ghutaí

5.2.1 Tarlaíonn athruithe eile nuair is le guta a thosaíonn an t-ainmfhocal. Féach ar an tábla thíos.

go, le	ag, ar, as, chuig, faoi, gan, idir, i,* mar, ó, roimh, thar, trí, um	de, do
*Cuirtear **h** roimh ainmfhocail dar tús guta.*	*Ní thagann athrú ar bith ar ainmfhocail dar tús guta.*	*Imíonn an '-e' nó an '-o' roimh ainmfhocail a thosaíonn le guta nó **fh**:*
Beidh siad go imeacht go hAlbain don Bhliain Nua.	Tá aithne agam ar athair an chailín sin.	Bhain sí an caipín d'Éanna.
Rinne mé comhghairdeas le hÁine nuair a fuair sí an chéim.	Ní féidir scrúdú a dhéanamh gan eolas ar an ábhar.	Thug sí bronntanas d'fhear an tí.
	Idir Droichead Nua agus An Chill atá an Nás.	Thit sí d'ardán.
	Tá sí ina cónaí in Éirinn le bliain anuas.	
	Tá eagla orm roimh éin.	

* Athraíonn *i* go *in* roimh ghuta.

5.3 Réamhfhocail Shimplí + an tAlt Uatha (*an*)

5.3.1 Nuair a chuirimid na réamhfhocail shimplí leis an alt uatha, tagann athrú beag ar chuid acu. Seo liosta de na réamhfhocail agus an t-alt uatha leo. Tabhair faoi deara na réamhfhocail a athraíonn agus iad sin a bhfuil an tAlt táite leo.

Réamhfhocal Simplí	Réamhfhocal Simplí + *an*
ag	ag an
ar	ar an
as	as an
chuig	chuig an
de	**den**
do	**don**
faoi	**faoin**
i	**sa/san**
le	**leis** an
ó	**ón**
roimh	roimh an
thar	thar an
trí	**tríd** an
um	um an

5.3.2 Is féidir na hathruithe uile a tharlaíonn don ainmfhocal i ndiaidh an réamhfhocail shimplí agus an ailt uatha a fheiceáil go soiléir sa dá thábla seo thíos.

Consain b, c, f, g, p Cuirtear urú orthu	*Consain* d, l, m, n, r, s, t Ní chuirtear urú orthu	*Gutaí* a/á, e/é, i/í, o/ó, u/ú Gan athrú
ag an mbanc	ag an dlíodóir	ag an otharlann
ar an gcoiste	ar an leabhar	ar an eolas
as an bpríosún	as an teach	as an eaglais
chuig an ngairdín	chuig an Meánmhuir	chuig an údarás
faoin bhfiacail	faoin teachtaireacht	faoin ollscoil
leis an nGaeilge	leis an solas	leis an ollamh
ón bhfarraige	ón Teachta Dála	ón oifig
roimh an gCéadaoin	roimh an margadh	roimh an insint
thar an mbialann	thar an tréimhse	thar an áit
tríd an bpróiseas	tríd an lá	tríd an aiste

	Consain b, c, f, g, m, p	*Consain* d, l, n, r, t	*Gutaí* a/á, e/é, i/í, o/ó, u/ú
	Cuirtear séimhiú orthu	Ní chuirtear séimhiú orthu	Gan athrú
den	den bhalla/mhí/pheil	den deoch/téarma	den amhrán/iasc/úll
don	don chaptaen/fhreastalaí	don nead/rúnaí	don eisceacht/ordóg
i (sa)	sa ghairdín/mhála	sa leabharlann/téacs	**Ní féidir 'sa' a scríobh roimh ghuta.**
i (san) (roimh ghuta nó f + guta)			san óstán/amharclann san fhuinneog/fheadóg

5.3.3 Maidir le hainmfhocail bhaininscneacha a thosaíonn ar *s* + guta nó ar *sl-, sn-, sr-*, cuirtear *t* roimh ainmfhocail atá baininscneach i ndiaidh na réamhfhocal atá liostaithe thuas in 5.3.2.

Firinscneach
ag an séipéal
ar an slabhra
leis an seadán
don sneachta
roimh an samhradh
sa seans

Baininscneach
ag an *t*saoirse
ar an *t*seanbhean
leis an *t*srón
don *t*seachtain
roimh an *t*seanmóir
sa *t*Sín

5.4   An Réamhfhocal Simplí agus an tAlt Uatha: Canúint Chúige Uladh

5.4.1   I gcanúint Chúige Uladh ní chuirtear urú ar an ainmfhocal i ndiaidh an réamhfhocail shimplí agus an ailt. Is séimhiú a fheictear ina áit. Féach ar an tábla thíos chun comparáid a

53

dhéanamh leis na hathruithe a luaitear thuas.

	Consain **b, c, f, g, m, p** Cuirtear séimhiú orthu
ag an	ag an b*h*anc
ar an	ar an c*h*oiste
as an	as an p*h*ríosún
chuig an	chuig an g*h*airdín
faoin	faoin f*h*iacail
leis an	leis an G*h*aeilge
ón	ón f*h*arraige
roimh an	roimh an C*h*éadaoin
thar an	thar an b*h*ialann
tríd an	tríd an p*h*róiseas
i (sa)	sa b*h*aile (**Ní chuireann** *sa* **séimhiú** **ar fhocail dar tús** *d, s* **nó** *t.*)
i (san) **(roimh ghuta nó** **f + guta)**	**Ní scríobhtar** *san* **roimh chonsan.** san aiste san fharraige

N.B.   Is fiú a lua go bhfuil nósanna eile a bhaineann leis an réamhfhocal simplí sna canúintí éagsúla. I gCúige Chonnacht, cuireann *sa* urú ar an ainmfhocal a leanann é agus ní séimhiú, cé go bhfuil an dá rud le cloisteáil sa chaint. I gCúige Mumhan, is minic a chuirtear urú ar ainmfhocail a thosaíonn le *d* nó *t* tar éis réamhfhocail shimplí agus an ailt, nó tar éis *den* fiú. Moltar do mhic léinn díriú ar na rialacha mar a leagtar amach thuas iad ach b'fhiú dóibh eolas a bheith acu ar na heisceachtaí canúna atá ann.

5.4.2 Maidir le hainmfhocail a thosaíonn ar *s* + guta nó ar *sl-*, *sn-*, *sr-*, tá an nós i gcanúint Chúige Uladh *t* a chur roimh gach ainmfhocal i ndiaidh an réamhfhocail agus an ailt, is cuma cé acu inscne atá i gceist. De ghrá na simplíochta, áfach, moltar do mhic léinn cloí leis an riail in 5.3.3 thuas.

5.5 Réamhfhocail Shimplí + an tAlt Iolra (*na*)

5.5.1 Nuair a chuirimid na réamhfhocail shimplí leis an alt iolra, tagann athrú beag ar dhá cheann acu, *le* agus *i*. Seo liosta de na réamhfhocail agus an t-alt iolra (*na*) leo. Tabhair faoi deara na réamhfhocail a dtagann athrú orthu.

Réamhfhocal Simplí	Réamhfhocal Simplí + *na*
ag	ag na
ar	ar na
as	as na
chuig	chuig na
de	de na
do	do na
faoi	faoi na
i	sna
le	leis na
ó	ó na
roimh	roimh na
thar	thar na
trí	trí na
um	um na

5.5.2 Is féidir na hathruithe uile a tharlaíonn don ainmfhocal i ndiaidh an réamhfhocail shimplí agus an ailt iolra a fheiceáil go soiléir sa tábla seo thíos.

	Roimh Chonsain Gan aon athrú	*Roimh Ghutaí* Cuirtear **h** isteach
Réamhfhocal + **na**	chuig na múinteoirí leis na freagraí ó na daltaí	ag na *h*aisteoirí roimh na *h*agallaimh faoi na *h*imreoirí

N.B. Is minic a shíleann mic léinn go bhfuil rud mícheart mura gcuireann siad athrú éigin ar thús an ainmfhocail sa Tabharthach Iolra (.i. tar éis *ar na, chuig na, leis na*, srl.) Níl aon urú [nó séimhiú] le cur ar thúschonsan an ainmfhocail mar a léirítear sna samplaí thuas. Tá an córas i bhfad níos simplí san uimhir iolra agus ba chóir do mhic léinn cuimhneamh ar an méid sin.

Tagairtí:
GGBC: §§ 22.1-22.9
NGBC: lgh 32-5
NIG: lgh 134-138
RG: lgh 144-61
ÚG[L]: §§ 2.1-2.8

Ceacht 5.1
Bain na lúibíní de na hainmfhocail seo a leanas agus déan cibé athrú is gá.

1. Rachaidh sí go (Éire), agus go (Albain) ar a slí abhaile.
2. Sílim gur le (Tomás) agus le (Eilís) an teach sin.
3. Tabhair na nótaí seo do (Máirtín) agus do (Éanna) le do thoil.
4. Bhí sé ar (bord) an eitleáin nuair a bhuail an eagla é. Bhí ar (an t-aeróstach) labhairt leis chun é a shuaimhniú.
5. Bhí idir (fir) agus (mná) i láthair don chruinniú.

6. Níor cheannaigh sé an ola mar ní chaithfeadh sé pingin gan (cúis) mhaith.
7. Leabhar gan (maith) a bhí ann.
8. Bíonn na léachtaí agus na ranganna ar siúl ó (Meán Fómhair) go (Bealtaine).
9 Beidh na scrúduithe cainte ann roimh (deireadh) mhí Aibreáin.
10. Taitníonn ceol le gach duine sa rang seachas (Pilib).
11. Chaith siad tréimhsí ina gcónaí i (Tuaim) agus i (Inis Ceithleann).
12. Idir (Dún Dealgan) agus (Baile Shláine) a bhíonn an trácht is measa.

Ceacht 5.2
Bain na lúibíní de na hainmfhocail seo a leanas agus déan cibé athrú is gá.

1. Cuireann sí teachtaireachtaí ríomhphoist chuig (Alan) agus chuig (Ciarán) go rialta.
2. Is as (Oileáin Árann) ó dhúchas í ach tá cónaí uirthi anois i (Corcaigh).
3. Chuir an Tánaiste fáilte roimh (foireann) cispheile na hÉireann.
4. Tá imní orm faoi (Cathal). Ceapann sé nach bhfuil ag éirí leis mar (mac léinn) anseo.
5. Beidh an rang ar fad ag dul go (Luimneach) agus go (Gaillimh) chun cuairt a thabhairt ar na hollscoileanna ansin.
6. Fágaigí na socruithe sin uile faoi (Aoife) agus faoi (Séamas).
7. As (Tír Eoghain) ó dhúchas í ach d'aistrigh an teaghlach go (Béal Feirste) nuair nach raibh sí ach seacht mbliana d'aois.
8. Beidh mé féin agus mo chara ag obair mar (treoraithe) agus mar (cheoltóirí) in Ionad Oidhreachta an Bhlascaoid le linn an tsamhraidh.
9. Buailim le (Eibhlín) ar an tsráid gach maidin ar mo bhealach chun na hollscoile.

10. Bhí Dónall anseo roimh (Mairéad) inné.
11. Déanaimid na léachtaí ar fad trí (Gaeilge) ach bíonn cuid de na ranga Staire trí (Béarla).
12. Bhí siad ag caint os ard ó (tús) go (deireadh).

Aonad 6:   Fordhearcadh ar an Tuiseal Ginideach Uatha

6.1   Athruithe Tosaigh – Ainmfhocail Fhirinscneacha

6.1.1   Go bunúsach, tarlaíonn dhá shórt athruithe ar an ainmfhocal sa Tuiseal Ginideach Uatha: ATHRÚ TOSAIGH agus ATHRÚ DEIRIDH.

6.1.2   Bíonn athrú tosaigh ag focal atá firinscneach difriúil ó athrú tosaigh ag focal atá baininscneach. Ach nuair atáimid i dtaithí ar na hathruithe sin, bíonn an córas mar an gcéanna sna díochlaontaí ar fad, mar a fheicfimid ar ball.

6.1.3   Braitheann an t-athrú deiridh a chuirfimid ar ainmfhocal firinscneach/baininscneach ar an díochlaonadh a bhfuil sé le fáil ann. Seo í an bhundifríocht atá idir na díochlaontaí; .i. an bealach ina bhfoirmítear an Tuiseal Ginideach Uatha.

6.1.4   Is cuma cén díochlaonadh atáimid a phlé, má tá ainmfhocal firinscneach againn, feicfimid séimhiú ag teacht i bhfeidhm air tar éis an Ailt (*an*):

fear/bean an phoist	[1d]
teach an fheirmeora	[3d]
barr an bhalla	[4d]
ainm an bhráthar	[5d]

ACH

6.1.5   Cuirtear *t* roimh fhocal firinscneach a thosaíonn le *s*-. Cén fáth?

teach an tsagairt	[1d]
ainm an tsiopadóra	[3d]
doras an tsiopa	[4d]

AGUS

6.1.6   Ainmfhocal nach féidir a shéimhiú, ní shéimhítear é; m.sh. guta nó litir nach séimhítear.

6.2   **Athruithe Tosaigh – Ainmfhocail Bhaininscneacha**

6.2.1   Má tá ainmfhocal baininscneach againn, is cuma cén díochlaonadh atáimid a phlé [seachas an 1d], feicfimid na hathruithe tosaigh seo a leanas:

6.2.2   Athróidh an tAlt (*an*) go dtí (*na*) agus ní bheidh aon séimhiú le feiceáil:

doras *na* scoile	[2d]
Bord *na* Móna	[3d]
ceol *na* farraige	[4d]
stáisiún *na* traenach	[5d]

ACH

6.2.3   Má thosaíonn an t-ainmfhocal le guta, cuirfimid *h* roimhe:

muintir *na h*áite	[2d]
scil *na h*aisteoireachta	[3d]
i lár *na h*oíche	[4d]
ceol *na h*Éireann	[5d]

6.3   **Athruithe Deiridh sa Tuiseal Ginideach Uatha**
Féach ar an léaráid seo thíos a thugann fordhearcadh dúinn ar na díochlaontaí san uimhir uatha.

Díochlaontaí san Uimhir Uatha

Díoch.	Ainmneach	Ginideach	Insc.
1.	Críochnaíonn na hainmfhocail ar **chonsan leathan**: *cat, marcach, ceol, bóthar.*	Caolaítear an **consan deiridh**: *cait, marcaigh, ceoil, bóthair.*	Fir.
2.	Críochnaíonn na hainmfhocail ar **chonsan** (**leathan** nó **caol**): *áit, bróg, coill, grian, gealach, girseach* [Eisceachtaí: *im, sliabh* atá firinscineach]	Críochnaíonn na hainmfhocail ar *–e* nó ar *-(a)í* *áite, bróige, coille, gréine, gealaí, girsí*	Bain.
3.	Críochnaíonn na hainmfhocail ar **chonsan** (**leathan** nó **caol**): *ceacht, rang, feoil, múinteoir, cumhacht, tiomáint, imirt*	Críochnaíonn na hainmfhocail ar *–a*: *ceachta, ranga, feola, múinteora cumhachta, tiomána, imeartha*	Fir. & Bain.
4.	Críochnaíonn na hainmfhocail ar **ghuta** nó ar *–ín*: *balla, oíche, coinín, toitín.*	Ní féidir aon athrú a chur ar dheireadh an ainmfhocail sa Ghinideach Uatha sa 4d.	Fir. & Bain.
5.	Críochnaíonn na hainmfhocail ar *–il, -in,* nó *–ir,* nó ar **ghuta**: *riail, traein, litir, cara, fiche, ochtó, ceathrú.*	Críochnaíonn na hainmfhocail ar **chonsan leathan**: *rialach, traenach, litreach, carad, fichead, ochtód, ceathrún.*	Bain. [ach cuid bheag fir.]

6.4 Fordhearcadh ar an Tuiseal Ginideach Iolra

6.4.1 Sa Tuiseal Ginideach Iolra, bíonn dhá shórt athruithe le feiceáil arís ar an ainmfhocal, ATHRÚ TOSAIGH agus ATHRÚ DEIRIDH. An t-am seo, áfach, ní bhaineann foirmiú an Ghinidigh le hinscne nó le díochlaonadh. Is córas ginearálta atá ann. Féachaimis ar ATHRÚ TOSAIGH i dtús báire.

6.4.2 Bíonn an t-athrú tosaigh céanna ag gach ainmfhocal sa Tuiseal Ginideach Iolra. Má tá an tAlt Iolra (*na*) ann bíonn URÚ ina

61

dhiaidh i gcónaí, ach mura mbíonn an tAlt ann, ní fheictear an t-urú.

Leis an Alt (*na*)	**Gan an tAlt (*na*)**
ainmneacha *na m*bád	ainmneacha bád
i lár *na g*coillte	i lár coillte
ceol *na n*drumadóirí	ceol drumadóirí
ag scríobh *na bh*freagraí	ag scríobh freagraí
geataí *na n*gairdíní	geataí gairdíní
méid *na b*páirceanna	an méid páirceanna
ainmneacha *na d*tuismitheoirí	ainmneacha tuismitheoirí

6.4.3   Má thosaíonn an focal le guta, is *n*- an t-urú a chuirtear air. Arís, mura bhfuil *na* ann, ní bheidh an t-urú ann ach an oiread.

> ag bailiú *na n*-aistí
> ceol *na n*-éan
> blas *na n*-iasc
> dorchadas *na n*-oícheanta
> ag ithe *na n*-úll

6.4.4   Ní i gcónaí a úsáidtear an tAlt, áfach, agus mura bhfuil an tAlt ann, ní thagann an t-urú i gceist ach cuirtear an Tuiseal Ginideach i bhfeidhm ar an ainmfhocal mar sin féin. Féach ar na samplaí thíos

> ag bailiú aistí
> fadhbanna tuismitheoirí
> ag scríobh freagraí
> ag leanúint orduithe

6.5   Athruithe Deiridh sa Tuiseal Ginideach Iolra
6.5.1   Lagiolraí agus Tréaniolraí:
Féach ar an liosta ainmfhocal thíos go cúramach:-

Ainmneach Iolra	Ginideach Iolra
na fir	hataí na bhfear
na traenacha	gleo na dtraenacha
na páipéir	ag léamh na bpáipéar
na tíortha	líon na dtíortha
na leabhair	clúdaigh na leabhar
na coillte	méid na gcoillte
na cosa	rian na gcos

6.5.2   Dá mbeadh orainn na hainmfhocail sna colúin seo a chur in dhá ghrúpa éagsúla, conas a dhéanfaimis an roinnt? Is dócha go gcuirfimis na hainmfhocail a dtagann athrú orthu idir an tAinmneach agus an Ginideach i ngrúpa amháin agus na hainmfhocail nach dtagann aon athrú orthu sa ghrúpa eile, mar seo a leanas:-

Athrú	Gan athrú
fir	tíortha
báid	coillte
capaill	craobhacha
cos	

6.5.3   Cén fáth a ndéanfaimis an t-idirdhealú seo idir na hainmfhocail san Uimhir Iolra? Caithfidh go bhfuil cúis éigin leis.

6.5.4   Tá dhá shaghas iolra sa Ghaeilge. Bíonn ainmfhocal LAG nó bíonn sé TRÉAN san Iolra. Má bhíonn sé LAG, tagann athrú air sa Tuiseal Ginideach. Má bhíonn sé TRÉAN, fanann sé gan athrú.

An chéad cheist eile: conas a aithnímid iolra atá LAG agus iolra atá TRÉAN?

6.5.5   Má chríochnaíonn aon fhocal san Uimhir Iolra ar CHONSAN CAOL nó ar -a, bíonn sé LAG. Mar shampla:-

LAG   cupáin, focail, leathanaigh, éisc, leabhair, eitleáin, cosa, fuinneoga, lámha, cluasa, bróga, bileoga.

6.5.6   Má chríochnaíonn aon fhocal san Uimhir Iolra ar aon cheann de na deirí seo a leanas, bíonn sé TRÉAN:

(a)   -ta, -te, -tha, -the;
(b)   -na, -nna, -anna, -eanna;
(c)   -acha, -eacha;
(d)   -aí, -í.

Samplaí

(a)   ceol/ta, coill/te, scór/tha, rí/the;
(b)   ceathrú/na, trá/nna, ceacht/anna, scéim/eanna;
(c)   craobh/acha, feirm/eacha;
(d)   beannacht/aí, pláta/í.

6.5.7   An dtabharfá aon athrú eile faoi deara idir an dá cholún focal i mír 6.5.1 thuas?
Tabharfaidh tú faoi deara go bhfuil URÚ ar thús gach focail sa Tuiseal Ginideach Iolra.

6.5.8   Anois tá cnámha an Tuisil Ghinidigh san Uimhir Iolra ar eolas agat. An féidir linn aon snas a chur ar na rialacha seo?

(a)   Ar dtús, cuirimid urú ar thús an ainmfhocail, má tá an tAlt Iolra (na) ann.

(b)   Más LAGIOLRA é, athraímid é agus úsáidimid foirm an ainmfhocail mar atá sé san Ainmneach uatha, ach

64

amháin go mbeidh an t-urú le feiceáil ar a thús.

(c) Más TRÉANIOLRA é, fágaimid litriú an ainmfhocail mar atá sé san Ainmneach Iolra ach cuirimid urú ar a thús, ar ndóigh.

na crainn [Lag] scáth na gcrann
na háiteanna [Tréan] ag cuartú na n-áiteanna

Tagairtí:
GG: lgh 56-7
GGBC: §§ 9.7-9.9
NGBC: lgh 46-7
NIG: lgh 28-9
RG: lgh 76-7

Ceacht 6.1
Déan dhá liosta de na focail sa ghrúpa seo thíos; liosta amháin de na lagiolraí agus liosta eile de na tréaniolraí.

cnónna	gairdíní	craobhacha	bróga	cait
saoithe	fuinneoga	cosa	páipéir	cosáin
oícheanta	focail	leabhair	slite	fógraí
ceisteanna	muca	scoileanna	táblaí	boird

Ceacht 6.2
Tabhair an fhoirm cheart Ghinideach de na focail idir lúibíní thíos:

ag léamh (na páipéir) ag canadh (na hamhráin)
ag marú (na bradáin) ag glanadh (na hurláir)
clúdaigh (na leabhair) duilleoga (na crainn)
dathanna (na héisc) cruinniú (na heaspaig)
doirse (na séipéil) ag tarraingt (na pictiúir)

praghas (na bróga)   blas (na húlla)

Ceacht 6.3
Tabhair an fhoirm cheart Ghinideach de na focail seo a leanas:

taithí (na blianta)   coláiste (na dochtúirí)
méid (na cathanna)   lóistín (na cuairteoirí)
talamh (na feirmeoirí)   ag cáineadh (na cainteoirí)
áilleacht (na gleannta)   Sráid (na Báicéirí)
ag scríobh (na haistí)   ag ní (na léinte)
ag foghlaim (na teangacha)   ag marcáil (na rollaí)
ainmneacha (na hoibrithe)   fad (na hoícheanta)
comórtas (na paróistí)   ag bailiú (na stampaí)
líon (na timpistí)   ag lorg (na pointí)
ag lomadh (na prátaí)   málaí (na hiascairí)

Aonad 7:   Treoir do na Díochlaontaí

Cuideoidh na treoracha ar an liosta seo a leanas leat an díochlaonadh lena mbaineann ainmfhocail éagsúla a aithint. Ní liosta cuimsitheach é. Níl i gceist ach treoir ghinearálta a chur ar fáil don mhac léinn.

7.1   An Chéad Díochlaonadh

7.1.1   Ainmfhocail ghearra aonsiollacha a chríochnaíonn ar CHONSAN LEATHAN:

alt, bord, breac, cat, iasc, mac, naomh, peann, tarbh.

7.1.2   Ainmfhocail a chríochnaíonn ar CHONSAN FADA LEATHAN:

(.i. *-á/ó/ú* + consan):
arán, cosán, ómós, fód, casúr, garsún.

-éad/-éal/-éan/-éar:
buicéad, úrscéal, séan, dinnéar.

-aol/-eol/-aon/:
gaol/saol, ceol/seol, braon.

Roinnt deirí eile:

-adh/-eadh:
samhradh, cogadh, geimhreadh, deireadh.

-ach/-each/-íoch:
aonach, éadach, misneach, coimhthíoch, beithíoch.

7.2 An Dara Díochlaonadh

7.2.1 Ainmfhocail a chríochnaíonn ar -*lann*:
leabharlann, bialann. (Eisceacht is ea *anlann*)

7.2.2 Ainmfhocail a chríochnaíonn ar -*óg/-eog*:
bróg, póg, fuinneog, duilleog.

7.2.3 Ainmneacha na dtíortha:
an Iodáil, an Spáinn, an Ghearmáin.
[Eisceachtaí: Ceanada (4f), Meiriceá (4f), Sasana (4f)]

7.2.4 Ainmneacha na dteangacha:
an Ghearmáinis, an Fhraincis, an Iodáilis.
[Eisceachtaí: Béarla (4f), Gaeilge (4b)]

7.2.5 Roinnt samplaí eile:
cloch, cos, cluas, áit, carraig, muintir, sáil, sráid, súil.

7.3 An Tríú Díochlaoandh

7.3.1 Ainmfhocail a chríochnaíonn ar -*óir/-eoir/-éir/-úir/-aeir*:
cuntasóir, comhairleoir, báicéir, dochtúir, grósaeir.

7.3.2 Ainmfhocail a chríochnaíonn ar -*áil/-úil/-aíl*: [ilsiollach]
páirceáil, admháil, feadaíl.

7.3.3 Ainmfhocail a chríochnaíonn ar -*áint/-úint/-cht*: [ilsiollach]
iomáint, canúint, gluaiseacht, eolaíocht, filíocht, síceolaíocht.

7.4 An Ceathrú Díochlaonadh

7.4.1 Ainmfhocail a chríochnaíonn ar -*(a)ire/-(a)í*:
iascaire, ailtire, file, rúnaí, oibrí.

7.4.2 Ainmfhocail a chríochnaíonn ar ghuta, -*ín*, -*ae*, -*áiste*, -*aoi*:

-guta:	balla, fáinne, banaltra, dalta.
-ín:	báidín, féirín, coinín, toitín.
-ae:	contae, aturnae.
-áiste:	coláiste, bagáiste, lacáiste, páiste.
-aoi:	draoi, saoi, daoi.

7.4.3 Roinnt ainmfhocal ón iasacht:
bata, bus, club, cóta, gúna, hata, máistir, pas, seic, stop, téacs, tram.

7.5 An Cúigiú Díochlaonadh

7.5.1 Ainmfhocail a chríochnaíonn ar *–il*, *-in*, *-ir*: [ilsiollach go minic]
triail, riail, traein, coróin, litir, paidir.

7.5.2 Grúpa ainmfhocal a chríochnaíonn ar *-ú*:
ceathrú, deachú.

7.5.3 Grúpa beag ainmfhocal a chríochnaíonn ar ghuta:
pearsa, comharsa, leite, cara.

7.5.4 Roinnt ainmfhocal dílis atá an-choitianta:

Éire	muintir *na hÉireann*
Alba	ceol *na hAlban*
Ulaidh	cúige *Uladh*
Mumha	cúige *Mumhan*
Connachta	cúige *Chonnacht*
Laighin	cúige *Laighean*

Ceacht 7.1

Déan iarracht an díochlaonadh lena mbaineann na hainmfhocail seo a leanas a aithint. Luaigh an inscne chomh maith leis an díochlaonadh. Bain úsáid as an bhfoclóir le cuidiú leat. Scríobh amach do chuid freagraí mar atá leagtha amach sna samplaí thíos.

Samplaí

liathróid 2b (.i. an Dara Díochlaonadh, baininscneach)
tionscnamh 1f (.i. an Chéad Díochlaonadh, firinscneach)

(a)	léachtóir	(b)	seimineár
(c)	aiste	(d)	tionscadal
(e)	foclóir	(f)	ollamh
(g)	léacht	(h)	teanglann
(i)	scrúdú	(j)	ceist
(k)	seomra	(l)	halla
(m)	tíreolaíocht	(n)	teanga
(o)	ábhar	(p)	stair
(q)	guthán	(r)	saotharlann
(s)	mála	(t)	peann
(u)	lóistín	(v)	cláraitheoir
(w)	oifig	(x)	uachtarán
(y)	comhaltas	(z)	cóisir

Aonad 8: Na Díochlaontaí Féin

8.1   An Chéad Díochlaonadh

8.1.1   Tá na hainmfhocail uile sa díochlaonadh seo FIR-INSCNEACH.

8.1.2   Críochnaíonn siad ar fad ar CHONSAN LEATHAN.

8.1.3   Cumtar an Tuiseal Ginideach trí dhá athrú a chur ar an ainmfhocal:

a]   SÉIMHIÚ ar an túschonsan tar éis an Ailt (*an*);
b]   CAOLÚ ar an gconsan deiridh.

m.sh.	an post	>	fear an p*h*oi*s*t
	an clog	>	uair an c*h*loi*g*
	an crann	>	barr an c*h*rai*n*n

8.1.4   Nuair atá dhá ghuta le chéile, féachtar orthu mar aonad amháin:-

athraíonn	ea > i	an fear; hata an fh*i*r.
	éa > éi	an béal; taobh an bhé*i*l.
	ia > éi	an t-iasc; blas an é*i*sc.

8.1.5   Nuair a thosaíonn an focal firinscneach le *s+guta*, *sl-*, *sn-* nó *sr-*, cuirtear *t* roimh an bhfocal sin sa Tuiseal Ginideach tar éis an Ailt (*an*).

Ainmneach Uatha	**Ginideach Uatha**
an samhradh	tús an *t*samhrai*dh*
an séasúr	ainm an *t*séasú*i*r

an siosúr	praghas an *t*siosú*i*r
an solas	dath an *t*sola*s*
an suíochán	taobh an *t*suíochá*i*n
an slaghdán	teacht an *t*slaghdá*i*n
an snámhán	ag ceannach an *t*snámhá*i*n
an sról	ag caitheamh an *t*sró*i*l

8.1.6 Má thosaíonn an t-ainmfhocal le guta, ní féidir séimhiú a chur air sa Tuiseal Ginideach Uatha agus imíonn an *t-* atá le feiceáil sa Tuiseal Ainmneach Uatha:

Ainmneach Uatha	**Ginideach Uatha**
an t-arán	blas an aráin
an t-éadach	dath an éadaigh
an t-inneall	cumhacht an innill
an t-ospidéal	foireann an ospidéil
an t-uan	cosa an uain

8.1.7 Má chríochnaíonn an t-ainmfhocal ar *-ach* nó *-each*, caithfimid an deireadh ar fad a athrú:-

SAMPLAÍ

-ach > -aigh

an t-earrach	tús an earr*aigh*
an marcach	ainm an m*h*arc*aigh*
an gearrcach	méid an g*h*earrc*aigh*

-each > -igh

an coileach	glaoch an c*h*oil*igh*
an cléireach	obair an c*h*léir*igh*
an t-imirceach	teach an imirc*igh*

8.2   An Dara Díochlaoandh

8.2.1   Críochnaíonn na hainmfhocail sa díochlaonadh seo ar chonsan. Is féidir consan leathan nó consan caol a bheith i gceist.

8.2.2   Ainmneacha baininscneacha atá le fáil sa díochlaonadh seo seachas an dá ainmfhocal *im* agus *sliabh.*

8.2.3   Bíonn na hainmfhocail a chríochnaíonn ar *-eog, -óg, -lann* [seachas *anlann* (1f)], *-is, -ís, -aois* agus *-óid* i gcónaí baininscneach agus baineann siad leis an Dara Díochlaonadh. [cf. 3.1.8]

8.2.4   Féach ar na hathruithe a thagann ar an ainmfhocal baininscneach i ndiaidh an Ailt Uatha (*an*):

(a) San Ainmneach agus sa Chuspóireach Uatha, cuireann an t-alt séimhiú ar an ainmfhocal, más féidir:

an b*h*ean, an f*h*uinneog, an g*h*ealach, an g*h*aoth.

(b) Má thosaíonn an t-ainmfhocal le *s+guta, sl-, sn-*, nó *sr-* san Ainmneach, sa Chuspóireach nó sa Tabharthach Uatha, áfach, ní séimhiú a scríobhtar ach an réamhlitir *t*:

an *t*súil, an *t*seafóid, an *t*sráid, an *t*srón, an *t*suim
as an *t*súil, leis an *t*seafóid, ar an *t*sráid, faoin *t*srón, leis an *t*suim.

8.2.5   Is mar seo a leanas a chuirimid ainmfhocal sa Dara Díochlaonadh sa Tuiseal Ginideach Uatha:

(a) Má chríochnaíonn an t-ainmfhocal ar chonsan caol, cuirtear *-e* leis ag an deireadh:

73

áit > áite; coill > coille; súil > súile; scoil > scoile; feirm > feirme.

(b)   Má chríochnaíonn an t-ainmfhocal ar chonsan leathan, cuirtear -e breise leis ag an deireadh, ach déantar an focal féin a chaolú sula ndéanfar sin:

Ainmneach Uatha   **Ginideach**
bróg   bró*i*ge
cos   co*i*se
bialann   biala*i*nne

(c)   Críochnaíonn cuid de na hainmfhocail ar -*ach* agus cuid acu ar -*each*. Cad a tharlaíonn anois? Tagann athrú ar an deireadh iomlán. Athraítear -*ach* go dtí -*aí* agus -*each* go dtí -*í*. Féach ar na samplaí thíos:

Ainmneach Uatha   **Ginideach Uatha**
an ghealach   solas na geal*aí*
an scornach   tinneas scorn*aí*
an bháisteach   lá báist*í*
an bhaintreach   teach na baintr*í*

8.2.6   Tabhair faoi deara go n-athraítear foirm an ailt ó *an* go *na* sa Tuiseal Ginideach Uatha d'ainmfhocail bhaininscneacha:

Ainmneach Uatha   **Ginideach Uatha**
an fhuinneog   leac *na* fuinneoige
an pháirc   i lár *na* páirce
an tír   muintir *na* tíre
an fheirm   Macra *na* Feirme

8.2.7   Uaireanta, sa Tuiseal Ginideach, tagann athrú ar ghrúpa gutaí atá i lár ainmfhocail:

athraíonn *-éa-* go dtí *-ei-*:
an mhéar   >   barr na méire

athraíonn *-ea-* go dtí *-ei-*:
an sceach   >   Lios na Sceiche

athraíonn *-ia-* go dtí *-éi-*:
an ghrian   >   solas na gréine

athraíonn *-ea-* go dtí *-i-* in ainmfhocail ilsiollacha:
an bhruinneall   >   ainm na bruinnille

8.2.8   Sa Tuiseal Ginideach Iolra den díochlaonadh seo, leanaimid na rialacha a bhaineann le lagiolraí agus tréaniolraí atá pléite cheana i míreanna 6.5.1-6.5.8. Féach ar na samplaí thíos:

Uatha		Iolra	
Ainmneach	**Ginideach**	**Ainmneach**	**Ginideach**
an chloch	na cloiche	na clocha	na gcloch*
an ghaoth	na gaoithe	na gaotha	na ngaoth*
an bhratach	na brataí	na bratacha	na mbratach*
an chailleach	na caillí	na cailleacha	na gcailleach*
an pháirc	na páirce	na páirceanna	na bpáirceanna
an scoil	na scoile	na scoileanna	na scoileanna
an áit	na háite	na háiteanna	na n-áiteanna
an tír	na tíre	na tíortha	na dtíortha

*Lagiolra

75

8.3 An Tríú Díochlaonadh

8.3.1 Críochnaíonn na hainmfhocail sa díochlaonadh seo ar chonsan caol nó ar chonsan leathan.

8.3.2 Tá cuid de na hainmfhocail seo firinscneach agus cuid eile baininscneach.

8.3.3 Bíonn gach aon fhocal a chríochnaíonn ar *-óir, -eoir, -éir, -úir, -aeir* firinscneach i gcónaí agus bíonn siad le fáil sa Tríú Díochlaonadh.

an bádóir, an feirmeoir, an báicéir, an dochtúir, an grósaeir.

8.3.4 Bíonn ainmfhocail ghearra nach bhfuil iontu ach siolla amháin agus a chríochnaíonn ar chonsan leathan, firinscneach go hiondúil.

an bláth, an dath, an guth, an loch, an rang, an sos,
an t-am, an cath, an fáth.

8.3.5 Má chríochnaíonn an focal ar *-cht* agus má tá níos mó ná siolla amháin ann, tá sé baininscneach agus bíonn sé le fáil sa Tríú Díochlaonadh.

an mhall*acht*, an ias*acht*, an ghluais*eacht*, an fhil*íocht*,
an iomán*aíocht*, an chamóg*aíocht*.

8.3.6 Bíonn ainmfhocail ghearra nach bhfuil iontu ach siolla amháin agus a chríochnaíonn ar chonsan caol, baininscneach go hiondúil.

an fhuil, an fheoil, an mhil, an mhóin, an troid, an bhliain,
an Dáil, an Cháisc.

8.3.7 Má chríochnaíonn an t-ainmfhocal ar *áil, -áint, irt,* nó *-úint* bíonn sé baininscneach de ghnáth agus bíonn sé ar fáil sa Tríú Díochlaonadh.

díobháil [=dochar], tiomáint, iomáint, imirt, leanúint.

8.3.8 Chun an t-ainmfhocal a chur sa Tuiseal Ginideach Uatha, tógaimid an t-ainmfhocal agus cuirimid *-a* lena dheireadh. Má chríochnaíonn an t-ainmfhocal ar chonsan caol, áfach, bíonn orainn an foirceann a dhéanamh leathan. Cén fáth? Mar tá *a* leathan agus caithfimid an riail 'Caol le caol agus leathan le leathan' a leanúint anseo.

FIRINSCNEACH

an cuntasóir	ainm an chuntas*óra*
an bláth	dath an bhláth*a*
an feirmeoir	teach an fheirm*eora*
an guth	ceol an ghuth*a*
an báicéir	siopa an bháic*éara*
an loch	imeall an loch*a*
an dochtúir	mála an docht*úra*
an rang	deireadh an rang*a*
an grosaeir	hata an ghrós*aera*
an t-am	i rith an am*a*

BAININSCNEACH

an mhallacht	ag cur *na mallachta*
an fhuil	ag cur *fola*
an fhilíocht	an leabhar *filíochta*
an fheoil	ag ithe *feola*
an iománaíocht	ag imirt *iománaíochta*
an mhóin	Bord na *Móna*
an chamógaíocht	cluiche *camógaíochta*

77

an bhliain	tús *na bliana*
an tsiopadóireacht	an tIonad *Siopadóireachta*
an Dáil	Teachta *Dála*
an léitheoireacht	ceird *na léitheoireachta*
an Cháisc	Domhnach *Cásca*
an tráchtáil	leabhar trácht*ála*
an tiomáint	ceadúnas tiom*ána*
an leanúint	lucht lean*úna*
an oiliúint	coláiste oili*úna*

8.4 An Ceathrú Díochlaonadh

8.4.1 Tá na hainmfhocail seo a leanas sa díochlaonadh seo:-

(a) an chuid is mó de na hainmfhocail a chríochnaíonn ar ghuta: hata, póca, gúna, mála, baile, gé, rí.

(b) ainmfhocail a chríochnaíonn ar *-ín*: cailín, coinín, toitín.

(c) grúpa beag ainmfhocal iasachta atá firinscneach agus a chríochnaíonn ar chonsan: ainm, máistir, tobac, bus, club, pas, seans.

(d) ainmfhocail a chríochnaíonn ar *-(a)ire* nó *-(a)í* agus a chuireann post in iúl: tráchtaire, ailtire, rúnaí, síceolaí, oibrí sóisialta.

8.4.2 Tá idir fhocail fhirinscneacha agus bhaininscneacha sa díochlaonadh seo. Tá ainmfhocail a chríochnaíonn ar *-ín* firinscneach de ghnáth agus bíonn ainmfhocail cosúil leis na cinn i mír 7.4.1(d) thuas firinscneach fosta.

8.4.3 Ní thagann **aon athrú** ar dheireadh an ainmfhocail sa Tuiseal Ginideach Uatha nó Iolra sa díochlaonadh seo. Féach ar na samplaí thíos:

an cailín (4f)

Tuiseal	Uatha	Iolra
Ainmneach/ Cuspóireach	an cailín	na cailíní
Gairmeach	a chailín álainn!	a chailíní áille!
Ginideach	ainm an chailín	cótaí na gcailíní
Tabharthach	ag an gcailín	ag na cailíní

an bhanaltra (4b)

Tuiseal	Uatha	Iolra
Ainmneach/ Cuspóireach	an bhanaltra	na banaltraí
Gairmeach	a bhanaltra!	a bhanaltraí!
Ginideach	oifig na banaltra	cótaí na mbanaltraí
Tabharthach	ag an mbanaltra	ag na banaltraí

an seomra (4f)

Tuiseal	Uatha	Iolra
Ainmneach/ Cuspóireach	an seomra	na seomraí
Ginideach	uimhir an tseomra	líon na seomraí
Tabharthach	sa seomra	sna seomraí

an tslí (4b)

Tuiseal	Uatha	Iolra
Ainmneach/ Cuspóireach	an tslí	na slite
Ginideach	eolas na slí	fad na slite
Tabharthach	ar an tslí	ar na slite

8.4.4   Tá cúpla ainmfhocal atá measartha coitianta a bhfuil foirmeacha
         mírialta acu. Tá cur síos orthu anseo thíos:

an bhó (4b)

Tuiseal	Uatha	Iolra
Ainmneach/	an bhó	na ba
Cuspóireach		
Ginideach	eireaball na bó	cró na mbó
Tabharthach	leis an mbó	leis na ba

an bruach (4f)

Tuiseal	Uatha	Iolra
Ainmneach/	an bruach	na bruacha
Cuspóireach		
Ginideach	in aice an bhruaigh	fad na mbruach
Tabharthach	ar an mbruach	ar na bruacha

8.5 An Cúigiú Díochlaonadh

8.5.1   Tá an chuid is mó de na hainmfhocail sa díochlaonadh seo
         baininscneach. Tá grúpa beag ainmfhocal firinscneach ann,
         áfach. Tá roinnt mhaith ainmfhocal sa díochlaonadh seo atá
         mírialta, agus déanann sé rialacha an díochlaonta seo beagáinín
         níos deacra le foghlaim.

8.5.2   Críochnaíonn na hainmfhocail sa díochlaonadh seo ar *-il, -in,*
         -ir nó ar ghuta:

         an riail, traein, cáin, cathair, paidir, litir, cara, comharsa.

8.5.3   Caithfidh na hainmfhocail sa díochlaonadh seo críochnú ar
         chonsan leathan sa Tuiseal Ginideach Uatha. Is mar seo a leanas
         a chuirtear na hathruithe i bhfeidhm.

80

8.5.4 Má tá an t-ainmfhocal baininscneach agus má chríochnaíonn sé ar *-il*, *-in*, nó *-ir*, leanaimid an córas seo a leanas:

(a) Más focal aonsiollach é, déanaimid leathan é agus cuirimid *-ach* ag an deireadh:

an cháin   >   ag scrúdú na cánach
an riail   >   ag briseadh na rialach
an treoir   >   ag míniú na treorach

I gcásanna eile, ní gá an bunfhocal a leathnú:

an tsail   >   airde na saileach

(b) Más ainmfhocal é a bhfuil dhá shiolla nó níos mó ann agus má tá guta gairid sa dara siolla, cuirtear *-each* nó *-ach* ag deireadh an fhocail, ach titeann an guta gairid (nó na gutaí gairide) ar lár:

an chathair   >   timpeall na cath*rach*
an eochair   >   poll na heoch*rach*
an chabhail   >   méid na cabh*lach*

(c) Tá grúpa beag ainmfhocal a chríochnaíonn ar *-ir* nó *-inn* agus déantar deireadh an fhocail leathan ach ní chuirtear aon litreacha breise leo:

an t-athair   >   in ainm an Ath*ar*
an mháthair   >   teach na máth*ar*
an abhainn   >   bruach na habh*ann*
an teorainn   >   ag siúl na teor*ann*

(d) Maidir leis na hainmfhocail a chríochnaíonn ar ghuta, is *-a* nó *-ú* na gutaí atá i gceist go hiondúil. Mar sin

81

nuair a chuirtear sa Tuiseal Ginideach Uatha iad, cuirtear litir bhreise ag an deireadh. Is é -(a)d a chuirtear le hainmfhocail fhirinscneacha a chríochnaíonn ar ghuta, de ghnáth, agus -n a chuirtear le hainmfhocail atá baininscneach agus a chríochnaíonn ar ghuta. Is grúpa an-bheag focal atá i gceist.

an cara (5f)	>	ainm an charad
an chomharsa (5b)	>	teach na comharsan
An Cheathrú (5b) Rua	>	muintir na Ceathrún Rua

8.5.5 Is tréaniolraí atá ag an gcuid is mó de na hainmfhocail sa Chúigiú Díochlaonadh. Ciallaíonn sé sin nach dtagann aon mhór-athrú ar dheireadh an ainmfhocail sa Tuiseal Ginideach Iolra. Cuirtear urú ar thús an ainmfhocail, áfach.

na huimhreacha	>	ag ríomh na n-uimhreacha
na cathracha	>	teangacha na gcathracha
na traenacha	>	tiománaithe na dtraenacha

Tagairtí:
GG: lgh 58-67
GGBC: §§ 8.33-8.44
GI: lgh 15-31
NGBC: lgh 80-1, 94-5, 108-9, 118-9, 122-3
NIG: 38-56
RG: 80-9
ÚG[L]: §§ 4.1-4.11; 5.1-5.13

Ceacht 8.1
Scríobh amach na frásaí seo a leanas gan na lúibíní.

1.	tar éis (an cogadh)	11.	cosa (an bord)
2.	tús (an t-earrach)	12.	brí (an focal)
3.	i lár (an margadh)	13.	bun (an cnoc)
4.	doras (an séipéal)	14.	dath (an t-úll)
5.	dath (an croiméal)	15.	gile (an solas)
6.	méid (an béal)	16.	ardú (an praghas)
7.	taobh (an bealach)	17.	deilbh (an briathar)
8.	scread (an coileach)	18.	de réir (an nós)
9.	le hais (an cladach)	19.	uisce (an tobar)
10.	praghas (an t-éadach)	20.	méid (an t-iasc)

Ceacht 8.2

Scríobh amach na habairtí seo a leanas agus ceartaigh aon bhotún a aimsíonn tú iontu.

1. Bhí sé ag scuabadh an t-urláir.
2. Tháinig sé mall go dtí teach an tsagart.
3. Bhí mo mháthair ina suí in aice an bhoird.
4. Tá duilleoga an crann ag titim.
5. Maraíodh a lán daoine i rith an gcogaidh.
6. Sin é buidéal an leainbh.
7. Is é Mac Colgáin ainm an theaghlaigh sin.
8. Is minic a bhíonn ceol an t-éin sin le cloisteáil.
9. Ní maith liom bheith i mo shuí os comhair an dhoras.
10. Bhí an sagart ag caint faoi ghnás an tAifreann.

Ceacht 8.3

1 Imríonn Stiofán i lár (an pháirc).
2 D'fhág an léachtóir an píosa (cailc) ar bharr (an deasc).
3 Tháinig tinneas (fiacail) orm.
4 Is maith liom dul chun (an phictiúrlann) a mhinice is féidir liom.
5 Rith an madra trasna (an tsráid).
6 Is fearr liom i bhfad ceol (an fheadóg) ná ceol (an chláirseach).

83

7 Fágadh geata (an scoil) ar oscailt trí thimpiste agus d'éirigh leis na gadaithe fráma (an fhuinneog) ar chúl a bhriseadh.

8 Is maith le muintir (an áit) é nuair a thagann na mic léinn (scoil) ar na cúrsaí samhraidh.

9 Cuirim orm cóta (báisteach) sa gheimhreadh ach ní bhíonn a leithéid de dhíth orm lá (grian).

10 Ní maith liom na ranganna (teanglann) toisc go mbíonn siad leadránach.

11 Chun teacht ar oifig an phoist, tóg an chéad chasadh ar thaobh (an lámh) deise agus feicfidh tú os comhair (an amharclann) í.

12 Níl freagra (an cheist) agam.

13 Deirtear go bhfuil muintir (an Astráil) cosúil leis na hÉireannaigh.

14 Is mór an trua go gcaithfidh na heitleáin go Meiriceá tuirlingt ag Aerfort (an tSionainn).

15 Cad é a dhéanfaidh tú ag deireadh (an tseachtain)? An mbeidh tú ag imirt (peil)?

16 Tá solas (an ghrian) i bhfad níos contúirtí duit ná solas (an ghealach).

Ceacht 8.4

Scríobh i gceart na focail idir lúibíní.

(a) Chuaigh mac (an léachtóir) isteach i siopa (an búistéir).

(b) Tá siopa (an grósaeir) agus teach (an báicéir) taobh lena chéile.

(c) D'éirigh go breá liom sa scrúdú (uimhríocht) ach theip orm sa triail (eolaíocht).

(d) Tá sé deacair go leor ceadúnas (tiomáint) a fháil in Éirinn.

(e) Níl cúrsaí (trácht) chomh dona sin sa chathair ó tógadh na dlíthe nua (páirceáil) isteach.

(f) Déanfaidh stailc na n-altraí mórán (díobháil) don tseirbhís leighis.

(g) Bhí cluiche (camógaíocht) agus cluiche (iománaíocht) ar siúl sa pháirc inné.

(h) Níor chaith na daltaí mórán (am) ag foghlaim (an ceacht).

(i) Ag tús (an bhliain) a bheas mo dheartháir ag teacht abhaile ó

Mheiriceá.

(j) Aistríodh an Garda (Síocháin) ó Chionn (Loch) go dtí Béal (an Áth) Lá (Samhain).

Ceacht 8.5

Bain na lúibíní de na hainmfhocail sa liosta thíos agus déan cibé athrú is gá.

veidhlín (an ceoltóir)	An tAire (Talmhaíocht)
mí (an mhil)	barr (an rang)
aghaidh (an t-uaireadóir)	ainm (an strainséir)
clú (an scríbhneoir)	cóta (an táilliúir)
tábhacht (an pholaitíocht)	Bord (an mhóin)
taobh (an loch)	páirc (an cath)
ag tabhairt (an fhuil)	ag ithe (an fheoil)
uisce (an sruth)	ag cumadh (an fhilíocht)

Ceacht 8.6

Bain na lúibíní de na hainmfhocail sa liosta thíos agus déan cibé athrú is gá.

1   Tá ainm (an cailín) sin dearmadta agam.

2   Thosaigh rás na mbád ag béal (an bhá).

3   Níl tuairisc (an cigire) léite agam go fóill.

4   D'fhág duine éigin doirse (an cófra) ar oscailt.

5   Tá muintir (an dúiche) seo iontach bródúil as an duais a bhuaigh siad i gcomórtas na mBailte Slachtmhara.

6   Ní thiocfadh le baill (an coiste) teacht ar chinneadh.

7   Déanta (an fhírinne) níl tuairim dá laghad agam cá gcónaíonn siad.

8   Tá clú agus cáil ar mhic léinn (an coláiste) seo.

9   Is i lár (an oíche) a chuala mé fuaim (an fharraige).

10   Tá vótálaithe (an contae) sin míshásta le toradh an toghcháin.

11   Tá traidisúin Lá (an Dreoilín) láidir i gceantair áirithe sa tír seo go fóill.

12   Tabhair leat do scáth fearthainne, ar eagla (an eagla).

13   Bhuaigh tionscnamh taighde (an t-eolaí) sin duais idirnáisúnta.

14   Bíonn daoine ag caint fós faoi imeachtaí Chogadh (an tSaoirse) sa tír seo.

15   Thiomáin na spraoi-thiománaithe a gcarr siúd isteach i gcarr (an Garda) sin.

16   Oireann dath (an gúna) sin duit.

17   Is in ithe (an phutóg) atá a tástáil.

18   Níl eolas (an tslí) agam ar chor ar bith.

19   Chaith sí blianta ag foghlaim (an teanga) sin, ach níl sí rólíofa go fóill.

20   Is thíos cois (an trá) a chonaic siad casadh (an taoide).

Ceacht 8.7

Bain na lúibíní de na hainmfhocail sa liosta thíos agus déan cibé athrú is gá.

(1)   blas (an bheoir)   (2)   lucht (cabhair)
(3)   na cigirí (cáin)   (4)   lár (an chathair)
(5)   teach (an chomharsa)   (6)   poll (an eochair)
(7)   an stáisiún (traein)   (8)   clúdach (litir)
(9)   stiúrthóir (an mhonarcha)   (10) grá (an mháthair)
(11) crann (dair)   (12) carr (an bhean)
(13) Béal Átha (an Abhainn)   (14) deireadh (an mhí)
(15) bás (an bhó)   (16) ar feadh (an lá)

Aonad 9:   An Aidiacht

9.1   **An Aidiacht san Uimhir Uatha**

9.1.1   Cáilíonn an aidiacht ainmfhocal nó forainm. Ciallaíonn sé sin go dtugtar breis eolais dúinn faoin ainmfhocal nó faoin fhorainm a dtéann an aidiacht leis.

> bean *chliste*;
> cailín *óg*;
> nach *deas* é;
> tá sé *te*

Tugtar 'aidiachtaí tuairisciúla' ar aidiachtaí cosúil leis na cinn sna samplaí thuas toisc go dtugann siad 'tuairisc' bhreise nó go gcuireann siad síos ar an ainmfhocal.

9.1.2   Tá dhá phríomhchineál aidiachtaí tuairisciúla ann – 'aidiacht aitreabúideach' agus 'aidiacht fhaisnéiseach'. Cáilíonn an 'aidiacht aitreabúideach' an t-ainmfhocal **go díreach**:

> Sin bean *mhaith*.
> Fuair an duine *ceart* an post.
> Is duine *iontach* í.
> Tá madra *fíochmhar* sa teach.

Cáilíonn an aidiacht fhaisnéiseach an t-ainmní nó an forainm **go hindíreach** mar fhaisnéis nó mar chuis den fhaisnéis:

> Is *bocht* an scéal é.
> Tá mé *tuirseach*.
> Tá sé *fuar* inniu.
> Tá siad *tinn* le seachtain.

Is féidir linn beagnach gach aidiacht thuairisciúil a úsáid go haitreabúideach nó go faisnéiseach. Féach ar na samplaí thíos:

Aitreabúideach	*Faisnéiseach*
Lá *breá* atá ann.	Is *breá* an lá é.
Tá radharc *iontach* san áit seo.	Nach *iontach* an radharc atá anseo.

9.1.3   Cuirtear an aidiacht fhaisnéiseach **go hindíreach** leis an ainmfhocal nó leis an bhforainm, agus mar sin, ní infhilltear í [.i. ní thagann athrú ar bith uirthi – séimhiú nó athrú foircinn, mar shampla].

Is *deas* an oíche í.	Nach *breá* an teach a thóg sé.

Nuair a úsáidimid aidiacht aitreabúideach, áfach, téann sí go díreach leis an ainmfhocal agus caithfidh sí teacht leis an ainmfhocal in inscne, uimhir agus i dtuiseal.

Ciallaíonn sé seo go mbeidh:

(i)   an aidiacht firinscneach má tá an t-ainmfhocal firinscneach;

(ii)   an aidiacht baininscneach má tá an t-ainmfhocal baininscneach;

(iii)   an aidiacht san uimhir uatha má tá an t-ainmfhocal san uimhir uatha;

(iv)   an aidiacht san uimhir iolra, má tá an t-ainmfhocal san uimhir iolra;

(v)   an aidiacht sa tuiseal céanna a bhfuil an t-ainmfhocal ann.

88

Samplaí:
(i)   fear cliste, léachtóir maith, leabhar buí, ardán mór
(ii)   bean chliste, léachtlann mhór, iris bheag, bróg chlé
(iii)   duine deas, teagascóir maith, peann gorm, fillteán beag
(iv)   daoine deasa, teagascóirí maithe, pinn ghorma, fillteáin
        bheaga
(v)   hata an fhir mhóir, cáilíochtaí na mná cliste

9.1.4   Cuireann an t-ainmfhocal baininscneach séimhiú ar an aidiacht
        aitreabúideach a théann leis. Ní tharlaíonn aon rud don
        aidiacht aitreabúideach a théann le hainmfhocal firinscneach.

Firinscneach	Baininscneach
clár bán	bileog bhán
foclóir maith	bialann mhaith
dán fada	cos fhada

9.1.5   Sa Tuiseal Tabharthach Uatha tá na rialacha céanna, a luaitear
        in 9.1.4 thuas, i bhfeidhm.

Firinscneach	Baininscneach
ar an lá deireanach	ar an oíche dheireanach
leis an bhfear maith	leis an mbean mhaith

9.2   An Aidiacht san Uimhir Iolra
9.2.1   De ghnáth, is -a nó -e a chuirtear ag deireadh na haidiachta san
        Uimhir Iolra.

Uatha	Iolra
buachaill mór	buachaillí móra
oíche mhaith	oícheanta maithe

9.2.2   Má chríochnaíonn an aidiacht ar -úil, athraítear é go dtí -
        úla san Uimhir Iolra. Má chríochnaíonn an aidiacht ar -air,

athraítear é go dtí -*ra* san Uimhir Iolra.

Uatha	Iolra
duine spórtúil	daoine spórt*úla*
scrúdú deacair	scrúduithe deac*ra*

9.2.3 Má chríochnaíonn aidiacht ar ghuta [-*a*, -*e* nó -*í* de ghnáth] ní chuirtear aon athrú ar an deireadh san Uimhir Iolra.

Uatha	Iolra
cailín rua	cailíní rua
mac léinn cliste	mic léinn chliste
cóta buí	cótaí buí

Tá dhá eisceacht ón riail seo. Is iad na haidiachtaí *te* agus *breá* atá i gceist. Athraímid *te* go dtí *teo* agus *breá* go dtí *breátha* san Uimhir Iolra.

Uatha	Iolra
lá te	laethanta teo
oíche bhreá	oícheanta breátha

9.2.4 De ghnáth, **ní chuirtear** séimhiú ar an aidiacht san Uimhir Iolra, fiú más focal baininscneach an t-ainmfhocal atá i gceist.

Uatha	Iolra
áit p*h*ríobháideach	áiteanna príobháideach*a*
dalta cairdiúil	daltaí cairdiúl*a*
fuinneog m*h*ór	fuinneoga mór*a*
bóthar fada	bóithre fada

Má thagann aidiacht tar éis ainmfhocail atá ag críochnú ar chonsan caol san Uimhir Iolra, áfach, caithfimid séimhiú a

chur ar an aidiacht. Is é atá i gceist le consan caol nó consain
chaola ná consan/consain a bhfuil guta caol roimhe / rompu
(-*i*-), de ghnáth.

Uatha	Iolra
leabhar maith	leabhair m*h*aithe
físeán greannmhar	físeáin g*h*reannmhara
bord beag	boird b*h*eaga
urlár glan	urláir g*h*lana

Má chríochnaíonn an t-ainmfhocal san Uimhir Iolra ar ghuta,
ní féidir linn séimhiú a scríobh ar an aidiacht a thagann ina
dhiaidh.

Uatha	Iolra
cairt dheas	cairteacha deasa
rang sóisearach	ranganna sóisearacha
file suimiúil	filí suimiúla
scrúdú casta	scrúduithe casta

9.2.5   Cailleann roinnt aidiachtaí guta nuair a athraítear ón Uimhir
Uatha go dtí an Uimhir Iolra iad. Tugtar 'coimriú' ar an
bpróiseas seo. Is fiú na haidiachtaí atá i gceist a fhoghlaim toisc
gur aidiachtaí coitianta iad.

Uatha	Iolra
aoibhinn	aoibhne
bodhar	bodhra
daingean	daingne
deacair	deacra
domhain	doimhne
folamh	folmha
íseal	ísle

láidir	láidre
milis	milse
ramhar	ramhra
righin	righne
saibhir	saibhre
sleamhain	sleamhna
socair	socra
uasal	uaisle

9.3 Droch-, Sean-, Ró- agus An-

9.3.1 Is i ndiaidh an ainmfhocail a scríobhtar an aidiacht sa Ghaeilge, de ghnáth. Tá dhá aidiacht a chuirtear **roimh** an ainmfhocal, áfach. Is iad *droch-* agus *sean-* atá i gceist. Séimhíonn siad túschonsan na haidiachta a thagann ina ndiaidh freisin.

droch-	**sean-**
consain [+ séimhiú]	
droch*mh*arc	seanc*h*óipleabhar
droch*th*uairisc	seanf*h*ear
gutaí [ní athraítear iad]	
drochaiste	seanathair
drochimreoir	seanamhrán

Ach tabhair faoi deara nach gcuireann *sean-* séimhiú ar aidiacht a thosaíonn le *d, s* nó *t*.
An cuimhin leat cén fáth?

sean-

d-	seanduine, seandán, seandochtúir
s-	seanséipéal, seansolas, seansuíochán
t-	seanteach, seantroscán, seantraein

9.3.2   Úsáidtear na réimíreanna *an-* agus *ró-* le béim agus treise a chur leis an aidiacht.

An-

Leanann séimhiú an réimír seo [seachas aidiachtaí a thosaíonn le *d*, *s* nó *t*] agus scríobhaimid fleiscín (-) ina dhiaidh **i gcónaí.**

Consain [+ séimhiú]	d, s, t [gan athrú]	Gutaí [gan athrú]
an-mhór	an-deacair	an-óg
an-bhreá	an-sásta	an-imníoch
an-chóngarach	an-tábhachtach	an-úsáideach

Ró-

Leanann séimhiú an réimír seo. Ní athraítear na gutaí, áfach. Scríobhaimid fleiscín (-) idir *ró-* agus guta de ghnáth, ach ní scríobhtar fleiscín idir *ró-* agus aidiacht a thosaíonn le consan.

Consain [+ séimhiú]	Gutaí [gan athrú]
ró*bh*eag	ró-aosta
ró*dh*eacair	ró-éasca
ró*fh*ada	ró-íseal
ró*gh*asta	ró-óg
ró*sh*implí	ró-uisciúil

9.4   **An Aidiacht Shealbhach agus Seilbh**

9.4.1   Úsáidimid an Aidiacht Shealbhach le cur in iúl go mbaineann rud éigin le duine éigin nó le daoine áirithe. Cuireann an Aidiacht Shealbhach athruithe éagsúla ar thús an ainmfhocail ina dhiaidh. Tá athruithe difriúla i gceist ag brath ar cé acu atá consan nó guta ag tús an ainmfhocail. Féach ar an tábla thíos:

9.4.2   Ainmfhocail dar tús consan

Pearsa (uatha)	Aid. Shealbhach	Athrú	Sampla
1	mo	+ séimhiú	mo t*h*éacsleabhar
2	do	+ séimhiú	do t*h*éacsleabhar
3	a (*fear/gasúr*)	+ séimhiú	a t*h*éacsleabhar
	a (*bean/cailín*)	gan athrú	a téacsleabhar
(iolra)			
1	ár	+ urú	ár *d*téacsleabhair
2	bhur	+ urú	bhur *d*téacsleabhair
3	a (*grúpa*)	+ urú	a *d*téacsleabhair

9.4.3   Ainmfhocail dar tús guta

Pearsa (uatha)	Aid. Shealbhach	Athrú	Sampla
1	mo	m'	*m*'athair
2	do	d'	*d*'athair
3	a (*fear/gasúr*)	gan athrú	a athair
	a (*bean/cailín*)	+ h	a *h*athair
(iolra)			
1	ár	+ urú	ár *n*-athair
2	bhur	+ urú	bhur *n*-athair
3	a (*grúpa*)	+ urú	a *n*-athair

9.5   Céimeanna comparáide na haidiachta

9.5.1   Tá trí chéim i gceist leis an aidiacht: an Bhunchéim, an Bhreischéim agus an tSárchéim.

9.5.2   Is ionann gnáthfhoirm na haidiachta agus an bhunchéim. Athraítear foirm na bunchéime i ndiaidh *níos* nó *is* chun an dá chéim eile a dhéanamh. Tugtar 'breischéim' ar fhoirm na haidiachta a thagann tar éis *níos* agus 'sárchéim' ar fhoirm na haidiachta a thagann tar éis *is*.

9.5.3 Úsáidimid an bhunchéim chun Céim an Ionannais a chur in iúl freisin. Is é atá i gceist le Céim an Ionannais a rá "go bhfuil 'X' chomh _____ le 'Y'" nó a leithéid sin. Úsáidtear Céim an Ionannais ar bhealaí éagsúla:

(a) **chomh + aidiacht + *le***
Tá Máire *chomh hóg* le* Bríd.
Tá m'athair *chomh láidir le* tarbh.
Níl Fionnuala *chomh díograiseach leatsa*.
*Tabhair faoi deara nach leanann séimhiú *chomh* nó *le*, ach cuireann siad an réamhlitir *h* roimh ghuta.

(b) **chomh + aidiacht + *seo/sin/siúd***
Ní raibh a fhios agam go raibh sé *chomh sean sin*.
Cén fáth a bhfuil sé *chomh daor seo*?
Ní féidir go bhfuil sé *chomh mór siúd*.

(c) **chomh + aidiacht + agus + briathar**
Tá sí *chomh dathúil agus a bhí* sí riamh.
Rachaidh mé síos chugat *chomh luath agus a thig*
liom.
Ní chreidim *chomh gasta agus a rinne* tú an ceacht.

(d) **Ainmfhocail agus aidiachtaí nasctha le *chomh***
Tá an dá fhoireann ar *comhscór*.
Tá na buachaillí sin ar *comhaois*.
Ní raibh a *chómhaith* de pheileadóir le fáil.
Is *comhionann* an dá chearnóg sin.

9.5.4 De ghnáth chun breischéim agus sárchéim na haidiachta a chumadh, cuirtear *-e* ag deireadh na bunchéime agus déantar caol í, más gá.

95

Bunchéim/Gnáthfhoirm	Breischéim	Sárchéim
ciúin	níos ciúine	is ciúine
ard	níos airde	is airde
fuar	níos fuaire	is fuaire

9.5.5 Tá ceithre ghrúpa aidiachtaí nach leanann an riail seo, áfach. Baineann aidiachtaí atá in úsáid go coitianta leis na ceithre ghrúpa seo agus is fiú na rialacha seo a leanas a fhoghlaim go maith mar sin.

Aidiachtaí dar críoch		Athrú	Samplaí
-ach	(tábhachtach)	-aí	níos/is tábhachtaí
	(áthasach)		níos/is áthasaí
-each	(díreach)	-í	níos/is dírí
	(uaigneach)		níos/is uaigní
-air	(deacair)	-ra	níos/is deacra
	(socair)		níos/is socra
-úil	(spórtúil)	-úla	níos/is spórtúla
	(teicniúil)		níos/is teicniúla

9.5.6 Ní gá dúinn bheith buartha faoi na haidiachtaí a gcríochnaíonn a mbunchéim ar ghuta. Ní thagann athrú ar bith orthu sa bhreischéim nó sa tsárchéim.

Bunchéim	Breischéim	Sárchéim
buí	níos buí	is buí
crua	níos crua	is crua
rua	níos rua	is rua

9.5.7 Tá roinnt aidiachtaí atá neamhrialta, rud beag casta nó nach leanann an gnáthphatrún i gceart. Toisc gur aidiachtaí coitianta an chuid is mó acu seo, is maith is fiú iad a fhoghlaim de ghlanmheabhair.

Bunchéim	Breischéim/Sárchéim
álainn	níos/is áille
beag	níos/is lú
breá	níos/is breátha
dian	níos/is déine
fliuch	níos/is fliche
furasta	níos/is fusa
gearr	níos/is giorra
imníoch	níos/is imníche
láidir	níos/is láidre
leathan	níos/is leithne
maith	níos/is fearr
mór	níos/is mó
olc	níos/is measa
ramhar	níos/is raimhre
saibhir	níos/is saibhre
te	níos/is teo

9.6 An aidiacht bhriathartha

9.6.1 Foirmítear an aidiacht bhriathartha ó bhriathar ach bíonn ciall aidiachta léi go minic. Cuireann sí staid ruda nó duine in iúl i ndiaidh gnímh áirithe.

Tá an leabhar *léite* aici anois.
Bíonn an obair baile *déanta* aige roimh a hocht a chlog gach tráthnóna.
Bhí an caintín *dúnta* an lá ar fad Déardaoin seo caite.
Bhíodh na nótaí *clóscríofa* i gcónaí aici.
Beidh na ceapairí *ite* acu sula mbeidh an tae réidh.
Bheadh an aiste sin *críochnaithe* agam faoi seo dá mbeadh na leabhair ar fáil sa leabharlann.

9.6.2 Is féidir linn an aidiacht bhriathartha a úsáid ar dhá bhealach: (a) mar ghnáthaidiacht nó (b) mar bhriathar le cabhair ó bhriathar cúnta.

9.6.3   Déantar cur síos anseo thíos ar an gcaoi a bhfeidhmíonn an aidiacht bhriathartha mar ghnáthaidiacht.

(a)   mar aidiacht aitreabúideach (cf. 9.1.2 agus 9.1.3):
      is duine *cáilithe* é; na hith na glasraí *lofa* sin; is bean *phósta* í.

(b)   mar aidiacht fhaisnéiseach tar éis an bhriathair *bí* ag léiriú staid an chuspóra i ndiaidh an ghnímh:
      tá siad *pósta* anois; tá a rúitín *leonta* go dona aige; tá sí *tugtha* don ólachán; tá na leabhair *dáilte* aici ar an rang.

(c)   mar aidiacht aitreabúideach tar éis an bhriathair *bí* ag léiriú staid an ghníomhaí i ndiaidh an ghnímh:
      bhí an seanfhear *ólta* faoi dheireadh na hoíche; tá m'athair *éirithe* as an obair anois.

9.6.4   Uaireanta úsáidtear an aidiacht bhriathartha chomh maith le briathar cúnta gníomhú briathartha sna haimsirí foirfe a léiriú.

•   an gníomhaí ina ainmní agus an gníomhú neamhaistreach:
    ní raibh oiread agus duine amháin *fágtha*; tá siad go léir *imithe* thar lear.

•   an cuspóir ina ainmní agus an gníomhaí ar lorg *ag*:
    tá an aiste *críochnaithe* ag Peadar; beidh an scrúdú *déanta* acu faoin am seo; d'fhág siad an seomra nuair a bhí an bia go léir *ite* acu.

9.6.5   Chun an aidiacht bhriathartha a chumadh cuirimid *–ta, -te, -tha, -the, -fa, -a* nó *-e* le fréamh an bhriathair. Is iad *–ta, -te, -tha, -the* na deirí is coitianta a úsáidtear le haidiachtaí briathartha a chumadh. Déantar cur síos anseo ar na briathra a thógann na deirí éagsúla seo.

(a)   *-ta, -te*

Cuirimid na deirí seo le briathra a chríochnaíonn ar *–d, –l, -n, -s*, nó *–ch*. Cuirtear *–ta* le fréamhacha atá leathan agus *–te* le fréamhacha atá caol.

-l, -n

díol	díolta	buail	buailte
dún	dúnta	bain	bainte

-ch, -s

croch	crochta	sroich	sroichte
múch	múchta	bris	briste

-d

dearmad	dearmadta	druid	druidte
stad	stadta	goid	goidte

Má chríochnaíonn fréamh an bhriathair ar *–th* caol, titeann an *–th* sin ar lár.

-th

bruith	bruite	ith	ite
caith	caite	rith	rite

Más briathar gearr a chríochnaíonn ar *–gh* atá ann, titeann an *–gh* sin ar lár:

-gh

báigh	báite	cráigh	cráite
dóigh	dóite	léigh	léite

N.B. Tá *faigh* eisceachtúil: *faigh > faighte.*

(b)   *-tha, -the*

Cuirimid na deirí seo le briathra a chríochnaíonn ar *–b*, *–c*, *-g*, *-m*, *-p*, nó *–r*. Cuirtear *–tha* le fréamhacha atá leathan agus *–the* le fréamhacha atá caol.

-b, -c

scuab	scuabtha	stróic	stróicthe
lúb	lúbtha	pléasc	pléasctha

-g

fág	fágtha	lig	ligthe
tóg	tógtha	tuig	tuigthe

-m, -p

cum	cumtha	foghlaim	foghlamtha
ceap	ceaptha	scaip	scaipthe

-r

cíor	cíortha	cuir	curtha
gearr	gearrtha	beir	beirthe

Nuair a chríochnaíonn briathar fada (briathar atá déshiollach sa fhréamh) ar *–aigh* nó ar *–igh*, titeann an *gh* ar lár.

-(a)igh

críochnaigh	críochnaithe	imigh	imithe
scrúdaigh	scrúdaithe	cruinnigh	cruinnithe

Nuair a chríochnaíonn briathra ar *–bh* nó *–mh* atá leathan, is *–tha* a chuirtear leo ach déantar *–fa* den deireadh ar mhaithe le héascaíocht:

-bh, -mh

gabh	gafa	scríobh	scríofa
sníomh	sníofa		

(c)   *-a* agus *-e*

Nuair a chríochnaíonn briathar ar *-t*, cuirimid *-a* nó *-e* leis chun an aidiacht bhriathartha a fháil.

-t

cleacht	cleachta	loit	loite

9.6.6 Tugtar aidiachtaí briathartha na mbriathra neamhrialta sa liosta thíos. Is fiú go mór don fhoghlaimeoir iad a chur de ghlanmheabhair toisc a choitianta atá siad.

Fréamh	Aidiacht Bhriathartha
Abair	ráite
Beir	beirthe
Bí	bheith
Clois	cloiste
Déan	déanta
Faigh	faighte
Feic	feicthe
Ith	ite
Tabhair	tugtha
Tar	tagtha
Téigh	dulta

Tagairtí:
CO: lch 30
GG: lgh 72-5
GGBC: §§13.4-13.13, 11.23-11.44
GI: lgh 38-41

NIG: lgh 59-60, 69-73, 84 (§7)
RG: lgh 114-5, 100-103
ÚG [L]: §§27.1-27.10

Ceacht 9.1

Athraigh na focail idir lúibíní thíos más gá. I gcás ainmfhocal san uimhir uatha, féach san fhoclóir mura bhfuil tú cinnte cé acu firinscneach nó baininscneach atá siad.

1. ballaí (láidir)
2. crainn (mór, ard)
3. amhráin (fada, suimiúil)
4. caisleáin (mór, daingean)
5. laethanta (fuar, fliuch)
6. Dáil an (bileog) (gorm) ar an rang.
7. Is file (cáiliúil) í anois.
8. Bhí fear (céile) Mháiréad agus bean (céile) Liam ansin le chéile.
9. Tá bialann (Gréagach) oscailte i lár an bhaile anois.
10. Tá gruaig (fada, dubh) uirthi agus tá súile (donn) aici.

Ceacht 9.2

Cuir na frásaí seo a leanas san uimhir iolra.
1. an lá fada
2. an t-ábhar casta
3. an t-éadach faiseanta
4. an léine ghlas
5. an óinseach mhór
6. clann Éireannach
7. ceacht spéisiúil
8. ceolchoirm thraidisiúnta
9. an fhéile Cheilteach
10. aiste mhaith

Ceacht 9.3

Athraigh na haidiachtaí idir lúibíní más gá.

1. cailín (dathúil)
2. fear (dathúil)
3. amharclann (mór)
4. an cúrsa (fada)
5. an t-ardú (deacair)
6. an iníon (cliste)
7. an cara (cliste)
8. sráid (fada)
9. cathair (Francach)
10. léachtlann (mór)
11. an gasúr (cineálta)
12. an léachtóir (díograiseach)

Aonad 10: An Forainm

10.1 An Forainm Pearsanta

10.1.1 Is iad seo na forainmneacha pearsanta:

Pearsa	Uatha	Iolra
1	*mé*	*muid/sinn*
2	*tú*	*sibh*
3f	*sé/é*	*siad/iad*
3b	*sí/í*	

10.1.2 De ghnáth úsáidtear an fhoirm *thú* mar chuspóir ag briathar. Mar shampla, deirtear agus scríobhtar: *molaim go mór thú; is fada an lá ó chonaic mé thú.*

10.1.3 Úsáidtear *mé, tú, sé, sí, muid/sinn, sibh* agus *siad* mar ainmní go díreach i ndiaidh an bhriathair. Ní féidir ach *chuaigh sé/sí/siad amach* a scríobh nó a rá. Ní fhéadfaí *chuaigh é/í/iad amach* a scríobh nó a rá.

10.1.4 Cén uair a úsáidtear na forainmneacha *é, í* agus *iad* mar sin? Feidhmíonn na forainmneacha seo mar fhoirmeacha cuspóireacha:

(a) Chonaic mé ag an gceolchoirm *í*.
(b) Feicfidh mé amárach *é*.
(c) Feicim gach lá ar scoil *iad*.

10.1.5 Is féidir leis na forainmneacha eile *mé, tú, muid/sinn,* agus *sibh* feidhmiú mar ainmní **agus** mar chuspóir in abairt (ainmní = cló trom, cuspóir = cló iodálach):

(a) Ghlaoigh **mé** amach ach níor chuala aon duine *mé.*
(b) Má thagann **tú** ann, feicfidh mé ansin *thú.*
(c) Ní bhei**mid** ann, mar sin ní fheicfidh tú ansin *muid.*
(d) Mura dtiocfaidh **sibh**, ní bheimid in ann *sibh* a fheiceáil.

ach

(e) Ghlaoigh **sé** amach ach níor chuala aon duine *é.*
(f) Chuaigh **sí** ann agus chonaic go leor daoine *í.*
(g) Mura dtiocfaidh **siad**, ní fheicfear *iad.*

10.2. An Forainm Taispeántach

10.2.1   Is iad *seo, sin,* agus *siúd* na forainmneacha taispeántacha agus úsáidtear ar cheithre bhealach iad.

10.2.2   Is féidir iad a cheangal le forainm a thagann díreach rompu:

Tabhair deoch *dó seo*; is capall *é sin*; cá bhfuil *a* bhean siúd?

10.2.3   Is féidir iad a chur roimh an bhforainm pearsanta:

Seo é an fear; *sin í* thall ansin; *siúd iad* na gardaí anois

10.2.4   Is féidir iad a úsáid thar ceann an fhorainm phearsanta:

Seo an mála; tá *sin* ceart; ól *seo* go gasta; cad *seo*? cé *sin*? mar *seo*; an bhfuil *siúd* amhlaidh?; gan *siúd* a ól

10.2.5   Is féidir iad a úsáid agus feidhm dobhriathair leo:

Chomh híseal *seo* nó *sin* nó *siúd.*

10.3 An Forainm Ceisteach

10.3.1 Is iad *cá, cé, cad* nó *céard* na forainmneacha ceisteacha.

10.3.2 D'áiteanna nó do rudaí a thagraíonn *cá* ach ní thagraíonn sé do dhaoine:

Cá hainm atá ort?   Cá haois tú?
Cá háit a bhfuil sé?   Cá bhfios domsa?
Cá mhéad atá air?

Cá + an chopail: Cárb as tú?

10.3.3 Ní úsáidtear *cad/céard* riamh nuair atáthar ag tagairt do dhaoine:

Cad é an rud é sin?   Cad é sin?/Cad sin?
Cad eile a dúirt sé?   Céard é sin?
Céard eile a bhí le rá aige?

10.3.4 Is féidir tagairt a dhéanamh do dhaoine, d'áiteanna **nó** do rudaí nuair a úsáidtear **cé**:

Cé aige a bhfuil an scuab?   Cé hé/hí sin?
Cé atá ag caint?   Cén chaoi a bhfuil tú?
Cén uair a tháinig sé?   Cé acu ab fhearr leat?
Cén aois thú?   Cén t-ainm atá ort?

10.4 An Forainm Réamhfhoclach

10.4.1 Cumasc den réamhfhocal simplí agus den fhorainm pearsanta atá i gceist leis an bhforainm réamhfhoclach de ghnáth.

ar + *mé* = orm   *le* + *sí* = léi
ag + *sinn* = againn   *chuig* + *tú* = chugat

Is iad *orm, léi, againn* agus *chugat* na forainmneacha réamhfhoclacha sna samplaí sin thuas.

10.4.2 Tugtar liosta iomlán de na forainmneacha réamhfhoclacha agus na réamhfhocail shimplí lena ngabhann siad sa tábla thíos:

Réamh -fhocal	1uatha (mé)	2u. (tú)	3u. fir. (sé)	3u. bain. (sí)	1iolra (sinn)	2iol. (sibh)	3iol. (siad)
ag	agam	agat	aige	aici	againn	agaibh	acu
ar	orm	ort	air	uirthi	orainn	oraibh	orthu
as	asam	asat	as	aisti	asainn	asaibh	astu
chuig	chugam	chugat	chuige	chuici	chugainn	chugaibh	chucu
de	díom	díot	de	di *	dínn	díbh	díobh
do	dom	duit	dó	di *	dúinn	daoibh	dóibh
faoi	fúm	fút	faoi	fúithi	fúinn	fúibh	fúthu
i	ionam	ionat	ann	inti	ionainn	ionaibh	iontu
idir	-	-	-	-	eadrainn	eadraibh	eatarthu
ionsar	ionsorm	ionsort	ionsair	ionsuirthi	ionsorainn	ionsoraibh	ionsorthu
le	liom	leat	leis	léi **	linn	libh	leo
ó	uaim	uait	uaidh	uaithi	uainn	uaibh	uathu
roimh	romham	romhat	roimhe	roimpi	romhainn	romhaibh	rompu
thar	tharam	tharat	thairis	thairsti	tharainn	tharaibh	tharstu
trí	tríom	tríot	tríd	tríthi	trínn	tríbh	tríothu
um	umam	umat	uime	uimpi	umainn	umaibh	umpu

N.B. * Níl síneadh fada ar an 'i' sna foirmeacha seo.

N.B. ** Níl an síneadh fada ar an 'i' ach ar an 'e' san fhoirm seo.

10.5   An Forainm Éiginnte

10.5.1   Is é a dhéanann an forainm éiginnte ná a chur in iúl nach bhfuil cinnteacht iomlán ag baint le ráiteas nó le frása. Tugtar liosta thíos de na forainmneacha éiginnte is coitianta atá ann.

cách (.i. gach duine)
Tá fáilte roimh chách chuig an seoladh seo anocht.

ceachtar (duine nó rud, as **cúpla**)
Tá mé cinnte nach mbeidh ceachtar den bheirt acu ann.

cibé ('whoever'/'whatever')
Cibé a bheas ann/cibé a dhéanfaidh sí, is cuma liomsa.

eile
Ní raibh éide nó eile acu.

an té
An té atá gan pheaca, caitheadh sé an chéad chloch.

uile
Sin uile. Ina dhiaidh sin is uile.

Feidhmíonn ainmfhocail áirithe mar fhorainmneacha éiginnte ó am go chéile. Ainmfhocail ar nós: *beagán, ceann, cuid, duine, mórán, neart, rud, dada/tada*.

Tagairtí:
GG: lgh 80-5
GGBC: §§ 13.1-13.13; 13.87-88
GI: lgh 45-6, 51-4
NGBC: lgh 48-9, 52-3, 58-9
NIG: lch 82 §§1-6, 17-19
RG: lgh 114-19
ÚG[L]: §§11.16, 23.1, 23.11

Ceacht 10.1

Líon na spásanna sna habairtí seo a leanas leis an bhforainm pearsanta oiriúnach.

1. Tóg an peann seo agus cuir ar an mbord _____.
2. An bhfuil _____ ag insint na fírinne?
3. Cheannaigh an mháthair milseáin agus thug sí dá páiste _____.
4. D'ith na buachaill an dinnéar go tapa agus chuaigh _____ amach.
5. Mura mbeidh _____ cúramach, ní bheidh an ceacht réidh in am.
6. Ní _____ a rinne é, a mháistreás!
7. Cheannaigh an múinteoir cístí agus thug _____ abhaile _____.
8. Tógaigí amach an ceacht baile agus ceartóidh _____ _____.
9. Thit Síle sa chlós inné agus ghortaigh _____ a cos.
10. Chuaigh na scoláirí isteach sa siopa agus cheannaigh _____ toitíní.

Ceacht 10.2

Cuir isteach forainm réamhfhoclach cuí sna bearnaí i ngach ceann de na habairtí thíos.

1. Bhain tú geit _____.
2. Chonaic mé solas thíos _____ i measc na gcarraigeacha.
3. D'fhág mé slán _____ agus d'imigh mé.
4. D'fhiafraigh Tomás _____ cad a bhí i gceist agam a dhéanamh tar éis na scoile.
5. Chuir sé _____ a chóta agus amach an doras _____.
6. Theip _____ sa scrúdú agus beidh _____ é a dhéanamh arís.
7. Thaitin an scannán go mór _____.
8. Tá mé an-bhuíoch _____ as an méid atá déanta _____ _____.
9. Thosaigh troid _____ agus cuireadh abhaile iad.
10. Tá cion mór _____ _____.

Aonad 11:   Na hUimhreacha

11.0   Tá bealaí éagsúla ann leis na huimhreacha sa Ghaeilge a rangú ach seo iad na príomhaicmí:

An Mhaoluimhir: uimhir nach dtagann ainmfhocal go díreach ina dhiaidh.
a haon, a dó, a trí, a ceathair ...

An Bhunuimhir: uimhir is gnách a chur go díreach roimh an ainmfhocal.
aon/amháin, dhá, trí, ceithre ...

An Uimhir Phearsanta: uimhir a úsáidtear le hainmfhocal pearsanta nó leis féin.
duine, beirt, triúr, ceathrar ...

An Orduimhir: uimhir a insíonn an t-ord, agus mar sin bíonn an t-alt roimpi toisc gur ainmfhocal cinnte a bhíonn ann de ghnáth.
chéad/aonú, dara/dóú, tríú, ceathrú ...

11.1   Na Maoluimhreacha
11.1.1   Seo é córas na maoluimhreacha go dtí 20:

0	náid	7	a seacht	14	a ceathair déag
1	a *h*aon	8	a *h*ocht	15	a cúig déag
2	a dó	9	a naoi	16	a sé déag
3	a trí	10	a deich	17	a seacht déag
4	a ceathair	11	a *h*aon déag	18	a *h*ocht déag
5	a cúig	12	a dó dhéag	19	a naoi déag
6	a sé	13	a trí déag	20	fiche

Nuair a theastaíonn ó dhuine comhaireamh os cionn 20, is é an córas seo a leanas is fearr, de ghnáth:

21 fiche a haon	32 tríocha a dó	83 ochtó a trí
22 fiche a dó	40 daichead	90 nócha
23 fiche a trí	47 daichead a seacht	91 nócha a haon
24 fiche a ceathair	50 caoga	100 céad
25 fiche a cúig	52 caoga a dó	106 céad a sé
26 fiche a sé	60 seasca	110 céad a deich
27 fiche a seacht	68 seasca a hocht	130 céad a tríocha
28 fiche a hocht	70 seachtó	150 céad a caoga
29 fiche a naoi	77 seachtó a seacht	170 céad a seachtó
30 tríocha	80 ochtó	190 céad a nócha

224	dhá chéad fiche a ceathair
798	seacht gcéad nócha a hocht
1,586	míle, cúig chéad ochtó a sé
17,369	seacht míle dhéag, trí chéad seasca a naoi
1,724,281	milliún, seacht gcéad fiche a ceathair míle, dhá chéad ochtó a haon

11.2 Na Bunuimhreacha

11.2.1 Tugtar 'bunuimhir' ar an uimhir a chuirtear go díreach roimh an ainmfhocal nó timpeall air chun an líon rudaí atá i gceist a chur in iúl.

11.2.2 Is é an tAinmneach Uatha is gnách a úsáid i ndiaidh na mbunuimhreacha - .i. gnáthuimhir uatha an ainmfhocail.

trí théacsleabhar   ceithre fhuinneog   ocht ndán

111

11.2.3 Má thosaíonn an t-ainmfhocal i ndiaidh na huimhreach le consan, cuirfidh *aon, dhá, trí, ceithre, cúig,* agus *sé* séimhiú air. Má thosaíonn an t-ainmfhocal le guta, ní thagann athrú ar bith ar thús an ainmfhocail.

Cóipleabhar

aon c*h*óipleabhar amháin
dhá c*h*óipleabhar
trí c*h*óipeabhar
ceithre c*h*óipleabhar
cúig c*h*óipleabhar
sé c*h*óipleabhar

Oíche

aon oíche amháin
dhá oíche
trí oíche
ceithre oíche
cúig oíche
sé oíche

Is fiú a thabhairt faoi deara anseo go bhfuil difríocht idir na maoluimhreacha 2 agus 4 agus na bunuimhreacha 2 agus 4. *Bus a dó* a deirtear, ach *dhá bhus. Aonad a ceathair* a scríobhtar ach *ceithre aonad.*

11.2.4 Má thosaíonn an t-ainmfhocal i ndiaidh na huimhreach le consan nó le guta, cuirfidh *seacht, ocht, naoi* agus *deich* urú air. Is é *n-* an t-urú a chuirtear ar ghuta.

Cóipleabhar

seacht *g*cóipleabhar
ocht *g*cóipleabhar
naoi *g*cóipleabhar
deich *g*cóipleabhar

Oíche

seacht *n*-oíche
ocht *n*-oíche
naoi *n*-oíche
deich *n*-oíche

Tabhair faoi deara nach féidir urú a chur ar *s.*

11.2.5 Nuair a theastaíonn ó dhuine líon rudaí níos mó ná deich gcinn a chomhaireamh, is é an córas seo a leanas a úsáidtear.

11-16	aon, dhá, (trí … sé) théacs déag
17-19	seacht, ocht, naoi dtéacs déag
20, 21	fiche téacs, téacs is fiche
22-26	dhá, (trí, … sé) théacs is fiche
27-29	seacht, ocht, naoi dtéacs is fiche

Leanann an córas céanna ar aghaidh le *tríocha, daichead, caoga, seasca, seachtó, ochtó* agus *nócha.* Maidir le huimhreacha os cionn 100, leantar ân córas seo a leanas:

100	céad bosca
101	céad is bosca amháin
102	céad is dhá bhosca
345	trí chéad daichead is cúig bhosca
479	ceithre chéad seachtó is naoi mbosca
726	seacht gcéad fiche is sé bhosca
957	naoi gcéad caoga is seacht mbosca
2,334	dhá mhíle, trí chéad tríocha is ceithre bhosca
6,524,678	sé mhilliún, cúig chéad ceithre mhíle is fiche, ochtó is seacht mbosca

11.2.6 Ní chuirtear athrú ar bith ar ainmfhocal tar éis na bhfocal *fiche, tríocha, daichead, caoga, seasca, seachtó, ochtó, nócha.*

fiche ceacht, tríocha páiste, daichead euro, caoga bosca.

11.2.7 Tá ainmfhocail áirithe sa Ghaeilge a bhfuil foirmeacha speisialta acu a úsáidtear tar éis uimhreacha.

Is fiú iad a fhoghlaim de ghlanmheabhair toisc gur ainmfhocail choitianta iad agus go mbíonn siad mícheart ag daoine go minic.

113

Ainmfhocal	2	3-6	7-10
bliain	bhliain	bliana	mbliana
ceann	cheann	cinn	gcinn
cloigeann	chloigeann	cloigne	gcloigne
seachtain	sheachtain	seachtaine	seachtaine
uair	uair	huaire	n-uaire

Tá cúpla ainmfhocal eile a bhfuil foirmeacha speisialta uimhriúla acu agus a bhain go stairiúil le hairgead agus toise, ach níl siad chomh coitianta anois ó tháinig an córas méadrach agus an *euro* i bhfeidhm. Mar sin féin, is fiú iad a bheith ar eolas ag an bhfoghlaimeoir.

Ainmfhocal	2	3-6	7-10
orlach	orlach	horlaí	n-orlaí
pingin	phingin	pingine	bpingine
troigh	throigh	troithe	dtroithe

11.3 Uimhreacha Pearsanta

11.3.1 Is iad seo a leanas na hUimhreacha Pearsanta:-

1	duine, duine amháin, aon duine amháin
2	beirt
3	triúr
4	ceathrar
5	cúigear
6	seisear
7	seachtar
8	ochtar
9	naonúr

10	deichniúr
11	(aon) duine dhéag
12	dáréag

Nuair a chuirimid ainmfhocal i ndiaidh na n-uimhreacha pearsanta 2–10 (.i. beirt ... deichniúr), cuirimid an t-ainmfhocal sin sa Tuiseal Ginideach Iolra. Ciallaíonn sé seo go gcaithfimid bheith in ann lagiolra agus tréaniolra a aithint ó chéile. [cf. 6.5 thuas]

beirt sagart	triúr ceoltóirí
ceathrar banaltraí	cúigear mac léinn
seisear peileadóirí	seachtar tógálaithe
ochtar léachtóirí	naonúr ban
deichniúr amhránaithe	

11.3.2 Cuireann an focal *beirt* séimhiú ar thúschonsan an ainmfhocail a leanann é, seachas ainmfhocail nach féidir a shéimhiú nó a thosaíonn le *d* nó *t*.

beirt mhúinteoirí	ACH	beirt daltaí
beirt pháistí	ACH	beirt tuismitheoirí
beirt mhac	ACH	beirt dochtúirí

11.3.3 Ní chuirtear an focal *duine* leis na huimhreacha pearsanta *beirt – deichniúr*. Ciallaíonn *beirt* 'dhá dhuine', *ceathrar* 'ceithre dhuine' agus níl an focal *duine* de dhíth mar sin.

11.3.4 Chun uimhreacha pearsanta os cionn 12 a úsáid, is córas na mbunuimhreacha a gcuirtear síos in 11.2.5 thuas air atá i gceist. Is fiú a thabhairt faoi deara go gcuirtear séimhiú ar *déag* nuair a leanann sé ainmfhocal a chríochnaíonn ar ghuta. I ngach cás eile is *déag* a scríobhtar. Féach ar na samplaí thíos.

13	trí dhuine dhéag
14	ceithre dhuine dhéag
15	cúig fhear déag
16	sé pheileadóir déag
17	seacht n-imreoir déag
18	ocht n-ailtire dhéag
19	naoi mbanaltra dhéag
20-90	fiche/tríocha/daichead/caoga/seasca/ seachtó/ochtó/nócha páiste
22	beirt is fiche nó dhá dhuine is fiche
37	seacht bpeileadóir is tríocha
53	trí dhuine is caoga
69	naoi gcailín is seasca
84	ceithre bhuachaill is ochtó
355	trí chéad, caoga is cúig dhuine
1,288	míle, dhá chéad, ochtó is ocht nduine

11.4 Na hOrduimhreacha

1.4.1 Insíonn an orduimhir an t-ord ina bhfuil daoine nó rudaí. Bíonn an tAlt (*an*) le feiceáil leis an orduimhir de ghnáth, mar sin. Is mar seo a leanas atá córas na n-orduimhreacha.

	an chéad cheacht, fhear, bhean, pháiste, alt
2-10	an dara, tríú, (ceathrú, cúigiú, séú, seachtú, t-ochtú, naoú, deichiú) ceacht, fear, bean, páiste, halt
11-19	an t-aonú, dóú/dara, (tríú, ceathrú, cúigiú, séú, seachtú, ochtú, naoú deichiú) ceacht, fear, bean, páiste, halt d(h)éag
20, 30, 40 …	an fichiú, (tríochadú, daicheadú, caogadú, seascadú, seachtódú, t-ochtódú, nóchadú) ceacht, fear, bean, páiste, halt

21-29	an t-aonú (dara/dóú, tríú …) ceacht, fear, bean, páiste, *h*alt is fiche
91-99	an t-aonú (dara/dóu, tríú …) ceacht, fear, bean, páiste, *h*alt is nócha
100	an céadú cuairteoir, *h*aiste
1,000	an míliú cuairteoir, *h*aiste
1,000,000	an milliúnú cuairteoir, *h*aiste
101, 102 …	an céad is aonú (dara/dóú, tríú …) cuairteoir/*h*alt
111, 112 …	an céad is aonú (dara/dóú, tríú …) cuairteoir/*h*alt déag
231, 232 …	an dá chéad tríocha is aonú (dara/dóú, tríú …) mála/*h*alt
2,413	an dá mhíle, ceithre chéad is tríú cuairteoir/*h*alt déag

11.4.2 Is fiú a thabhairt faoi deara go gcuireann *chéad* séimhiú ar an ainmfhocal a leanann é, má thosaíonn sé le consan ar féidir é a shéimhiú.

an c*h*éad c*h*luiche	an c*h*éad b*h*éile
an c*h*éad f*h*aoistin	an c*h*éad p*h*ost

ach, ar ndóigh,
Ní féidir séimhiú a chur ar ainmfhocal dar tús guta.

an c*h*éad amhrán	an c*h*éad eachtra
an c*h*éad iarracht	an c*h*éad ócáid
an c*h*éad uimhir	

Agus ní chuirtear séimhiú ar ainmfhocal dar tús *d*, *s* nó *t*:

an c*h*éad duais, an c*h*éad seachtain, an c*h*éad teach.

Tagairtí:
CO: lgh 37-45
GG: lgh 76-81
GGBC: §§12.1-12.16
GI: lgh 42-44
NGBC: lgh 124-9, 132-3
NIG: lgh 74-81
RG: lgh 130-39
ÚG[L]: §§16.1-16.12, 17.1-17.12

N.B.   Is fiú go mór Aonad 17 in *Úrchúrsa Gaeilge* a léamh. Tá eolas an-mhaith ansin faoi chóras na n-uimhreacha sa Ghaeilge.

Ceacht 11.1
Cuir Gaeilge ar na frásaí seo a leanas.

1. seven times
2. three subjects
3. nine pencils
4. one lecture
5. three tutorials
6. twice
7. six years
8. two offices
9. seven shops
10. four games

Ceacht 11.2
Athraigh na focail idir lúibíní sna frásaí seo a leanas.

1. trí (ceann)
2. cúig (uair)
3. ceithre (bliain)

4. sé (seachtain)
5. ocht (troigh)
6. seacht (uair)
7. naoi (bliain)
8. ocht (seachtain)
9. ocht (ceann)
10. dhá (orlach)

Ceacht 11.3
Scríobh na frásaí seo a leanas amach i nGaeilge.

1. 4 (cailín)
2. 8 (bean)
3. 2 (mac léinn)
4. 3 (mac léinn)
5. 9 (buachaill)
6. 16 (peileadóir)
7. 7 (iníon)
8. 2 (máthair)
9. 5 (Garda)
10. 7 (imreoir)

Ceacht 11.4
Scríobh na frásaí seo a leanas i bhfocail agus gan na lúibíní.

1. an 1ú (bliain)
2. an 15ú (duine)
3. an 3ú (uair)
4. an 2ú (urlár)
5. an 7ú (bean)
6. an 20ú (buachaill)
7. an 4ú (seomra)
8. an 5ú (caibidil)

9. an 9 (ceacht)
10. an 10ú (aonad)

Ceacht 11.5
Scríobh amach na figiúirí seo a leanas i bhfocail.

1. 1978
2. 365
3. 40
4. 111
5. 76
6. 100
7. 213
8. 2002
9. 14
10. 2025

Aonad 12: An Briathar Rialta

12.1 Foirmeacha Spleácha agus Neamhspleácha

12.1.1 Is é atá i gceist le Foirm Spleách ná an fhoirm sin den bhriathar a dtagann míreanna cosúil le *an, ní, nach,* srl. roimpi. Ní féidir leis an bhFoirm Spleách seasamh léi féin, mar sin caithfidh ceann de na míreanna seo teacht roimpi. Is é is Foirm Neamhspleách ann, an fhoirm sin den bhriathar a sheasann léi féin: *rinne, faigheann, gheobhaidh, briseann, dhúnfadh* srl.

12.1.2 Maidir leis an gcuid is mó de na briathra, níl i gceist leis an bhfoirm spleách ach an fhoirm neamhspleách den bhriathar agus séimhiú nó urú uirthi. Féach ar na samplaí seo.

Neamhspleách	Spleách
Briseann	Ní *bhriseann*
Dúnfaidh	An *ndúnfaidh?*
Ceartaíonn	Nach *gceartaíonn?*
Cheannaigh	Níor *cheannaigh*

12.1.3 Maidir le cuid de na briathra neamhrialta, áfach, bíonn foirmeacha spleácha ar leith acu agus tá sé tábhachtach iad a aithint. Is iad na briathra *bí, déan, faigh, feic,* agus *téigh* atá i gceist. Tá na foirmeacha spleácha sa chló iodálach sa tábla ar an gcéad leathanach eile.

121

Briathar	Aimsir Chaite	Aimsir Láithreach	Aimsir Fháistineach	Modh Coinníollach
Bí	Bhí	Tá		
	raibh	*bhfuil*		
Déan	Rinne			
	dhearna *ndearna*			
Faigh	Fuair		Gheobhaidh	Gheobhadh
	bhfuair		*bhfaighidh*	*bhfaigheadh*
Feic	Chonaic			
	fhaca *bhfaca*			
Téigh	Chuaigh			
	dheachaigh *ndeachaigh*			

12.1.4 Le briathra áirithe, caithfimid foirm neamhspleách an bhriathair a úsáid i ndiaidh na míreanna briathartha agus ceisteacha. I gcás briathra eile, áfach, caithfimid an fhoirm spleách a úsáid i gcónaí. Féach ar an tábla ar an gcéad leathanach eile anois a léiríonn an dá chineál míreanna agus na hamanna a úsáidtear iad.

Foirm Neamhspleách	Foirm Spleách
Úsáid an fhoirm neamhspleách den bhriathar leis na míreanna seo a leanas:	Úsáid an fhoirm spleách den bhriathar leis na míreanna seo a leanas:
cé, cad/cad é, céard, cén t-am, cén uair, cathain, cad é mar, conas, cá mhéad, cé chomh minic is, cén fhad, nuair, mar, má, ó	*an, ní, nach, go, cá, cén áit, dá, mura, sula, cén fáth, cad chuige, cén dóigh, cén tslí, cén chaoi*
Samplaí san aimsir chaite Cén uair a chonaic sé thú? Céard a rinne sé ort? Cathain a tháinig an bus ar maidin? Cá mhéad duine a bhí i gceist? Cé chomh minic is a chuaigh siad ann? Cén fhad a d'fhan tú sa Fhrainc?	**Samplaí san aimsir chaite** An bhfaca sé aréir thú? Ní dhearna siad an scrúdú ar chor ar bith. Cén fáth ar tháinig an bus go luath? Cad chuige a raibh an méid sin ann? Cén dóigh a ndeachaigh siad ann? Cén fáth ar fhan tú chomh fada sin?
Samplaí san aimsir láithreach Céard a dhéanann sí nuair nach bhfuil sí ag obair? Cathain a fhaigheann sé an bus de ghnáth? Cá mhéad duine a bhíonn leat? Cé chomh minic is a bhailíonn sibh í? Cén fhad a fhanann tú leo de ghnáth?	**Samplaí san aimsir láithreach** Cén fáth a ndéanann sí é sin? Cad chuige a bhfaigheann sé ag an am sin é? Cad chuige a mbíonn siad leat? Cén áit a mbailíonn sibh í? Cén áit a bhfanann tú nuair atá siad déanach?
Samplaí san aimsir fháistineach Cathain a fheicfidh an Príomhoide thú? Cad é a dhéanfaidh sí mura dtagann sé? Conas a bheidh a fhios acu? Cén fhad a thógfaidh sé orthu?	**Samplaí san aimsir fháistineach** Cén áit a bhfeicfidh sí thú? Cén dóigh a ndéanfaidh tú an ceacht sin? Cén dóigh a mbeidh a fhios acu? Cad chuige a dtógfaidh sé an fad sin orthu?

12.1.5 Tá an chuid is mó de na briathra Gaeilge ina mbriathra rialta. Níl ach aon bhriathar neamhrialta déag ann ar fad (féach ar Aonad 13).

12.1.6 Tá dhá chineál briathra ann: briathra gearra agus briathra fada. Is é a chiallaíonn sé seo, go bunúsach, nach bhfuil ach siolla amháin i bhfréamhacha na mbriathra gearra (m.sh. *mol, bris, léigh, suigh*), agus go bhfuil dhá shiolla nó níos mó i bhfréamhacha na mbriathra fada (m.sh. *beannaigh, cruinnigh, oscail, aithin, imir, inis*). Tá ainm speisialta ar an dá ghrúpa briathra seo. Deirtear go dtiteann briathra gearra isteach sa Chéad Réimniú agus briathra fada isteach sa Dara Réimniú.

12.2 An Chéad agus an Dara Réimniú
12.2.1 Tá trí chineál briathra sa Chéad Réimniú. Féach thíos.
(a) briathra le fréamhacha aonsiollacha: *mol, bris, suigh, léigh*
(b) briathra le fréamhacha ilsiollacha dar críoch *-áil*: *sábháil, marcáil, vótáil*
(c) grúpa beag briathra dar críoch *-áin, -óil* agus *-úir*: *taispeáin, tionóil, ceiliúir*

12.2.2 Tá trí chineál briathra sa Dara Réimniú. Féach thíos.
(a) briathra le fréamhacha ilsiollacha dar críoch *-aigh* nó *-igh*: *ceannaigh, bailigh*
(b) briathra ilsiollacha a dtiteann guta ar lár astu (coimriú) agus a chríochnaíonn ar:

-ail nó *-il*	*ceangail, eitil*
-ain nó *-in*	*cosain, aithin*
-air nó *-ir*	*bagair, imir*
-ais nó *-is*	*inis*

(c) roinnt briathra le fréamhacha ilsiollacha nach dtarlaíonn coimriú dóibh: *foghlaim, tarraing, freastail*

12.3 An Modh Ordaitheach

12.3.1 Is ionann fréamh an bhriathair agus an fhoirm den bhriathar a úsáidtear le hordú a thabhairt do dhuine: *tóg, déan, seas, bris, bailigh*, nó *imir*, mar shampla. Deirtear gurb í seo an dara pearsa uatha den Mhodh Ordaitheach, toisc nach bhfuil i gceist leis an ordú ach duine nó rud amháin. Déantar cur síos anseo ar conas ordú a thabhairt do níos mó ná duine nó rud amháin.

An Chéad Réimniú

12.3.2 (a) Cuirtear *-igí* nó *-aigí* le fréamh na mbriathra; *-igí* má tá an fhréamh **caol** agus *–aigí* má an fhréamh **leathan**:

Uatha	Iolra
Mol (Leathan)	Molaigí
Bris (Caol)	Brisigí

(b) Tá na hathruithe eile seo le déanamh i gcás na mbriathra seo a leanas:

(i) Leathnaítear an *-l* in *-áil* agus an *-n* in *-áin* (.i. titeann an *i* amach):

Uatha	Iolra
Marcáil	Marcálaigí
Taispeáin	Taispeánaigí

(ii) Imíonn an *-igh* i mbriathra mar *dóigh* agus *téigh* a bhfuil guta fada iontu, sula gcuirtear *-igí* leo:

Uatha	Iolra
Dóigh	Dóigí
Léigh	Léigí

(iii) Athraímid briathra mar *nigh* agus *suigh* a bhfuil guta gairid iontu go *nígí* agus *suígí*.

An Dara Réimniú

12.3.3 I gcás briathra ilsiollacha a chríochnaíonn ar *-igh*, cuirtear an *-igh* ar ceal agus cuirtear *-ígí* ina áit:

Uatha	Iolra
Ceannaigh	Ceannaígí
Bailigh	Bailígí

12.3.4 I gcás briathra ilsiollacha a chríochnaíonn ar *-(a)il*, *-(a)in*, *-(a)ir* agus *-(a)is*, titeann an *-(a)i-* ar lár agus cuirtear *-(a)ígí* leo:

Uatha	Iolra
Ceangail	Ceanglaígí
Imir	Imrígí
Inis	Insígí
Cosain	Cosnaígí

An Fhoirm Dhiúltach

12.3.5 Cuirimid *Ná* roimh na briathra leis an bhfoirm dhiúltach a chumadh. Cuirtear *h* roimh ghuta a leanann *Ná*:

Ná déan é sin go fóill.
Ná *h*inis dom go bhfuil an cluiche ar ceal.
Ná *h*osclaígí na doirse go dtí go mbeidh mise réidh.

12.4 An Aimsir Chaite

12.4.1 Chun an aimsir chaite den bhriathar rialta a chumadh, níl le déanamh ach an fhoirm den bhriathar atá sa mhodh ordaitheach a shéimhiú.

Modh Ordaitheach	Aimsir Chaite
Mol	M*h*ol mé
Bris	B*h*ris tú
Sábháil	S*h*ábháil sé/sí
Taispeáin	T*h*aispeánamar
Suigh	S*h*uigh sibh
Ceannaigh	C*h*eannaigh siad
Bailigh	B*h*ailigh sibh

12.4.2 Maidir le briathra a thosaíonn ar ghuta (*a/á, e/é, i/í, o/ó, u/ú*), nó ar *f-*, cuirimid *d'-* rompu san Aimsir Chaite:

Modh Ordaitheach	Aimsir Chaite
Ól	*D'*ól siad
Imigh	*D'*imigh sí
Freastail	*D'*f*h*reastail mé
Fan	*D'*f*h*anamar
Ordaigh	*D'*ordaigh tú

12.4.3 Chun ceisteanna a chur agus freagraí a thabhairt (ar bhriathra rialta) bainimid úsáid as réimíreanna éagsúla.

(a) Is í an réimir *Ar* a úsáidtear roimh bhriathra rialta san Aimsir Chaite le ceisteanna a chumadh. Is í an réimír *Níor* an mhír dhiúltach a úsáidtear i gcás briathra rialta san Aimsir Chaite. Leanann séimhiú *ar* agus *níor*.

Ceist: Ar t*h*aispeáin tú do charr nua do Shéamas go fóill?
Freagraí: T*h*aispeáin./Níor t*h*aispeáin.

(b) Is í an réimír *Nár* an mhír cheisteach dhiúltach den bhriathar rialta san Aimsir Chaite. Leanann séimhiú *nár* i gcónaí.

127

Ceist: *Nár* ch*ríochnaigh tú an aiste sin fós?
Freagraí: Ch*ríochnaigh./Níor ch*ríochnaigh.

12.5 An Aimsir Láithreach

12.5.1 Chun briathar atá sa chéad réimniú a chur isteach san Aimsir
Láithreach déantar na hathruithe beaga seo a leanas:

(a) Cuirtear *-ann* le fréamhacha leathana agus *-eann* le
fréamhacha caola.

(b) Déantar an *-l* i mbriathra dar críoch *-áil* agus an *-n* i
mbriathra dar críoch *-áin* a leathnú [Eisceacht: *tiomáin*].

(c) Titeann an *-igh* i mbriathra cosúil le *dóigh*, agus *téigh* amach
agus cuirtear *-nn* nó *-ann* leo.

(d) Titeann an *-igh* i mbriathra cosúil le *suigh* agus *luigh* amach
agus cuirtear *-íonn* leo.

(e) Cuireann *an* agus *nach* urú ar thúschonsan an bhriathair.
Cuireann *ní* séimhiú ar thúschonsan an bhriathair. Cuireann
nach urú ar ghuta ag tús an bhriathair.

(a)	Tóg (leathan)	Bris (caol)
	Tógaim	Brisim
	Tógann	Briseann
(b)	Marcáil	Marcálann
	Vótáil	Vótálann
	Sábháil	Sábhálann
(c)	Dóigh	Dónn
	Brúigh	Brúnn
	Léigh	Léann
	Téigh	Téann
(d)	Suigh	Suíonn
	Luigh	Luíonn
(e)	An/nach d*tógann?	Ní th*ógann

An/nach *m*briseann?	Ní b*h*riseann
An/nach *m*brúnn	Ní b*h*rúnn
An ólann/Nach *n*-ólann	Ní ólann

12.5.2 Chun briathar atá sa dara réimniú a chur isteach san Aimsir Láithreach déantar na hathruithe beaga seo a leanas:

(a) Titeann an *-aigh* nó *-igh* amach agus cuirtear *-aíonn* nó *-íonn* ina áit.

(b) I gcás na mbriathra a chríochnaíonn ar *-(a)il, -(a)in, -(a)ir* nó *-(a)is*, titeann *-(a)i-* amach agus cuirtear *-(a)íonn* leo.

(c) Tá dhá bhriathar nach dtiteann an *-ai-* astu ach a dhéantar leathan mar sin féin. *Taistil* agus *freastail* na briathra atá i gceist.

(d) Cuireann *an* agus *nach* urú ar thúschonsan an bhriathair. Cuireann *ní* séimhiú ar thúschonsan an bhriathair. Cuireann *nach* urú ar ghuta ag tús an bhriathair.

(a)	Ceannaigh	Ceannaíonn
	Bailigh	Bailíonn
(b)	Oscail	Osclaíonn
	Cosain	Cosnaíonn
	Imir	Imríonn
	Inis	Insíonn
(c)	Freastail	Freastalaíonn
	Taistil	Taistealaíonn
(d)	An/nach *g*ceannaíonn	Ní c*h*eannaíonn
	An/nach *m*bailíonn	Ní b*h*ailíonn
	An imríonn/nach *n*-imríonn	Ní imríonn
	An insíonn/nach *n*-insíonn	Ní insíonn

12.6 An Aimsir Fháistineach

12.6.1 Chun briathar atá sa chéad réimniú a chur isteach san Aimsir Fháistineach déantar na hathruithe beaga seo a leanas:

(a) Cuirtear *-faidh* le briathra a bhfuil fréamhacha leathana acu agus cuirtear *-fidh* le briathra a bhfuil fréamhacha caola acu.

(b) Sa chéad phearsa iolra *-faimid* nó *-fimid* a úsáidtear.

(c) Cuireann *an* agus *nach* urú ar thúschonsan an bhriathair. Cuireann *ní* séimhiú ar thúschonsan an bhriathair. Cuireann *nach* urú ar ghuta ag tús an bhriathair.

(a) Tóg (leathan)	Bris (caol)
Tógfaidh mé	Brisfidh mé
Tógfaimid	Brisfimid
Tógfaidh sé	Brisfidh sibh
(b) Marcáil	Marcálfaimid
Vótáil	Vótálfaimid
Sábháil	Sábhálfaimid
(c) Dóigh	Dófaidh tú
Brúigh	Brúfaidh siad
Léigh	Léifidh sé
(d) Suigh	Suífidh sí
Luigh	Luífidh siad
(e) An/nach *d*tógfaidh?	Ní t*h*ógfaidh
An/nach *m*brisfidh?	Ní b*h*risfidh
An/nach *m*brúfaidh	Ní b*h*rúfaidh
An ólfaidh/Nach *n*-ólfaidh	Ní ólfaidh

12.6.2 Chun briathar atá sa dara réimniú a chur isteach san Aimsir Fháistineach déantar na hathruithe beaga seo a leanas:

(a) Cuirtear *-óidh* le briathra a bhfuil fréamhacha leathana acu agus cuirtear *-eoidh* le briathra a bhfuil fréamhacha caola acu.

(b) Sa chéad phearsa iolra *-óimid* nó *-eoimid* a úsáidtear.

(c) Cuireann *an* agus *nach* urú ar thúschonsan an bhriathair. Cuireann *ní* séimhiú ar thúschonsan an bhriathair. Cuireann *nach* urú ar ghuta ag tús an bhriathair.

(a) Ceannaigh   Ceannóidh
  Bailigh   Baileoidh
(b) Oscail   Osclóimid
  Cosain   Cosnóimid
  Imir   Imreoimid
  Inis   Inseoimid
(c) Freastail   Freastalóidh sibh
  Taistil   Taistealóidh siad
(d) An/nach *g*ceannóidh Ní *ch*eannóidh
  An/nach *m*baileoidh Ní *bh*aileoidh
  An imreoidh/nach *n*-imreoidh Ní imreoidh
  An inseoidh/nach *n*-inseoidh Ní inseoidh

12.7 An Modh Coinníollach

12.7.1 Chun briathar atá sa chéad réimniú a chur isteach sa Mhodh Coinníollach déantar na hathruithe beaga seo a leanas:

(a) Más briathar le fréamh leathan é, bíonn *-fainn* sa chéad phearsa uatha, *-fá* sa dara pearsa uatha, *-faimis* sa chéad phearsa iolra agus *-faidís* sa tríú pearsa iolra. Bíonn *-fadh* i ngach pearsa eile.

(b) Más briathar le fréamh caol é, bíonn *-finn* sa chéad phearsa uatha, *-feá* sa dara pearsa uatha, *-fimis* sa chéad phearsa iolra agus *-fidís* sa tríú pearsa iolra. Bíonn *-feadh* i ngach pearsa eile.

(c) Cuireann *an* agus *nach* urú ar thúschonsan an bhriathair. Cuireann *ní* séimhiú ar thúschonsan an bhriathair. Cuireann *nach* urú ar ghuta ag tús an bhriathair.

(d) Bíonn séimhiú ar fhoirm neamhspleách an bhriathair sa Mhodh Coinníollach i gcónaí agus cuirtear *d'-* roimh bhriathar dar tús guta.

(a) Tóg (leathan)	Bris (caol)
Thógfainn	Bhrisfinn
Thógfá	Bhrisfeá
Thógfadh sé/sí/sibh	Bhrisfeadh sé/sí/sibh
Thógfaimis	Bhrisfimis
Thógfaidís	Bhrisfidís
(b) D'ólfainn	D'fhillfinn
D'ólfá	D'fhillfeá
D'ólfadh sé/sí/sibh	D'fhillfeadh sé/sí/sibh
D'ólfaimis	D'fhillfimis
D'ólfaidís	D'fhillfidís
(c) An/nach dtógfainn	Ní thógfainn
An/nach mbrisfeadh	Ní bhrisfeadh
An/nach mbrúfadh	Ní bhrúfadh
An ólfaidís/Nach n-ólfaidís	Ní ólfaidís

12.7.2 Chun briathar atá sa dara réimniú a chur isteach sa Mhodh Coinníollach déantar na hathruithe beaga seo a leanas:

(a) Más briathar le fréamh leathan é, bíonn -óinn sa chéad phearsa uatha, -ófá sa dara pearsa uatha, -óimis sa chéad phearsa iolra agus -óidís sa tríú pearsa iolra. Bíonn -ódh i ngach pearsa eile.

(b) Más briathar le fréamh caol é, bíonn -eoinn sa chéad phearsa uatha, -eofá sa dara pearsa uatha, -eoimis sa chéad phearsa iolra agus -eoidís sa tríú pearsa iolra. Bíonn -eodh i ngach pearsa eile.

(c) Cuireann an agus nach urú ar thúschonsan an bhriathair. Cuireann ní séimhiú ar thúschonsan an bhriathair. Cuireann nach urú ar ghuta ag tús an bhriathair.

(d) Bíonn séimhiú ar fhoirm neamhspleách an bhriathair sa Mhodh Coinníollach i gcónaí agus cuirtear d'- roimh bhriathar dar tús guta.

(a)	Ceannaigh (leathan)	Bailigh (caol)
	Cheannóinn	Bhaileoinn
	Cheannófá	Bhaileofá
	Cheannódh sé/sí/sibh	Bhaileodh sé/sí/sibh
	Cheannóimis	Bhaileoimis
	Cheannóidís	Bhaileoidís
(b)	Oscail (leathan)	Fáiltigh (caol)
	D'osclóinn	D'fháilteoinn
	D'osclófá	D'fháilteofá
	D'osclódh sé/sí/sibh	D'fháilteodh sé/sí/sibh
	D'osclóimis	D'fháilteoimis
	D'osclóidís	D'fháilteoidís
(c)	An/nach gceannódh	Ní cheannódh
	An/nach mbaileodh	Ní bhaileodh
	An/nach bhfreagródh	Ní fhreagródh
	An imreodh/nach n-imreodh	Ní imreodh
	An inseodh/nach n-inseodh	Ní inseodh

12.8 An Aimsir Ghnáthchaite

12.8.1 Chun briathar atá sa chéad réimniú a chur isteach san Aimsir Ghnáthchaite déantar na hathruithe beaga seo a leanas:

(a) Más briathar le fréamh leathan é, bíonn -ainn sa chéad phearsa uatha, -tá sa dara pearsa uatha, -aimis sa chéad phearsa iolra agus -aidís sa tríú pearsa iolra. Bíonn -adh i ngach pearsa eile.

(b) Más briathar le fréamh caol é, bíonn -inn sa chéad phearsa uatha, -teá sa dara pearsa uatha, -imis sa chéad phearsa iolra agus -idís sa tríú pearsa iolra. Bíonn -eadh i ngach pearsa eile.

(c) Cuireann an agus nach urú ar thúschonsan an bhriathair. Cuireann ní séimhiú ar thúschonsan an bhriathair. Cuireann nach urú ar ghuta ag tús an bhriathair.

(d) Bíonn séimhiú ar fhoirm neamhspleách an bhriathair san

133

Aimsir Ghnáthchaite i gcónaí agus cuirtear *d'-* roimh bhriathar dar tús guta.

Tabhair faoi deara go bhfuil foirmeacha na hAimsire Gnáthchaite ar aon dul leis an Modh Coinníollach, ach amháin go n-imíonn an *f* agus go mbíonn *t* in áit *f* sa dara pearsa uatha.

(a) Tóg (leathan)
    T*h*ógainn
    T*h*ógtá
    T*h*ógadh sé/sí/sibh
    T*h*ógaimis
    T*h*ógaidís

Bris (caol)
B*h*risinn
B*h*risteá
B*h*riseadh sé/sí/sibh
B*h*risimis
B*h*risidís

(b) *D'*ólainn
    *D'*óltá
    *D'*óladh sé/sí/sibh
    *D'*ólaimis
    *D'*ólaidís

*D'*fhillinn
*D'*fhillteá
*D'*fhilleadh sé/sí/sibh
*D'*fhillimis
*D'*fhillidís

(c) An/nach *d*tógainn
    An/nach *m*briseadh
    An/nach *m*brúadh
    An ólaidís/Nach *n*-ólaidís

Ní t*h*ógainn
Ní b*h*riseadh
Ní b*h*rúadh
Ní ólaidís

12.8.2   Chun briathar atá sa dara réimniú a chur isteach san Aimsir Ghnáthchaite déantar na hathruithe beaga seo a leanas:

(a) Más briathar le fréamh leathan é, bíonn *-aínn* sa chéad phearsa uatha, *-aíteá* sa dara pearsa uatha, *-aímis* sa chéad phearsa iolra agus *-aídís* sa tríú pearsa iolra. Bíonn *-aíodh* i ngach pearsa eile.

(b) Más briathar le fréamh caol é, bíonn *-ínn* sa chéad phearsa uatha, *-íteá* sa dara pearsa uatha, *-ímis* sa chéad phearsa iolra agus *-idís* sa tríú pearsa iolra. Bíonn *-íodh* i ngach pearsa eile.

(c) Cuireann *an* agus *nach* urú ar thúschonsan an bhriathair. Cuireann *ní* séimhiú ar thúschonsan an bhriathair. Cuireann *nach* urú ar ghuta ag tús an bhriathair.

(d) Bíonn séimhiú ar fhoirm neamhspleách an bhriathair san Aimsir Ghnáthchaite i gcónaí agus cuirtear *d'*- roimh bhriathar dar tús guta.

(a) Ceannaigh (leathan) Bailigh (caol)
    *Ch*eannaínn *Bh*ailínn
    *Ch*eannaíteá *Bh*ailíteá
    *Ch*eannaíodh sé/sí/sibh *Bh*ailíodh sé/sí/sibh
    *Ch*eannaímis *Bh*ailímis
    *Ch*eannaídís *Bh*ailídís

(b) Oscail (leathan) Fáiltigh (caol)
    *D'*osclaínn *D'*fháiltínn
    *D'*osclaíteá *D'*fháiltíteá
    *D'*osclaíodh sé/sí/sibh *D'*fháiltíodh sé/sí/sibh
    *D'*osclaímis *D'*fháiltímis
    *D'*osclaídís *D'*fháiltídís

(c) An/nach *g*ceannaíodh Ní *ch*eannaíodh
    An/nach *m*bailíodh Ní *bh*ailíodh
    An/nach *bh*freagraíodh Ní *fh*reagraíodh
    An imreodh/nach *n*-imríodh Ní imríodh
    An inseodh/nach *n*-insíodh Ní insíodh

12.9 An Briathar Saor

12.9.1 Úsáidtear an briathar saor chun gníomh a chur in iúl atá déanta nó á dhéanamh nó atá le déanamh, nó gníomh a bhíodh á dhéanamh nó a bheadh á dhéanamh i gcoinníollacha áirithe, ach nach bhfuil an gníomhaí luaite leis. Go bunúsach, is é a chiallaíonn sé seo go bhfuil gníomh éigin luaite ach nach bhfuil a fhios againn cé atá freagrach as an ngníomh a dhéanamh.

135

Féach ar an difríocht idir an dá abairt thíos (a) agus (b).

(a) *Chuir* na buachaillí brú ar Sheán an carr a ghoid. (Aimsir Chaite)

(b) *Cuireadh* brú ar Sheán an carr a ghoid. (Briathar Saor, Aimsir Chaite)

In abairt (a) tá a fhios againn gurbh iad cairde Sheáin a chuir brú air an carr a ghoid. In abairt (b) áfach, ní luaitear gníomhaí ar bith. Níl a fhios againn cé a chuir brú ar Sheán an carr a ghoid. Mar sin, deirtear go bhfuil an briathar *cuireadh* saor ó ghníomhaí ar bith. Tá an briathar saor le fáil i ngach aimsir agus féachfaimid anois ar na foirmeacha éagsúla den bhriathar sna príomhaimsirí.

12.9.2 Cuirimid deirí éagsúla le fréamh an bhriathair chun briathar saor a dhéanamh de. Braitheann na deirí seo ar dhá phríomhrud: (i) an bhfuil an fhréamh sa chéad réimniú nó sa dara réimniú agus (ii) an bhfuil an fhréamh leathan nó caol. Tugtar liosta de na deirí agus na haimsirí sa tábla thíos.

An Chéad Réimniú

Aimsir	Leathan	Caol
Aimsir Chaite	*-adh*	*-eadh*
Aimsir Láithreach	*-tar*	*-tear*
Aimsir Fháistineach	*-far*	*-fear*
Modh Coinníollach	*-faí*	*-fí*
Aimsir Ghnáthchaite	*-taí*	*-tí*

Samplaí: An Chéad Réimniú

Aimsir Chaite
Dúnadh na geataí. (.i. Dhún duine éigin na geataí, ach níl a fhios againn cérbh é.)

136

Briseadh an fhuinneog.

Aimsir Láithreach
Dúntar an doras gach lá ar a cúig.
Bristear an fhuinneog gach cúpla mí.

Aimsir Fháistineach
Dúnfar na geataí sin go poncúil ar a cúig.
Brisfear an fhuinneog mura mbeidh daoine cúramach.

Modh Coinníollach
Dhúnfaí na geataí sin dá mbeadh duine ann chun é a dhéanamh.
Bhrisfí an fhuinneog sin dá mbeadh loitiméirí thart timpeall.

Aimsir Ghnáthchaite
Dhúntaí na geataí sin ar a cúig i gcónaí.
Bhristí na fuinneoga sin go minic sular cuireadh na ceamairí slándála isteach.

An Dara Réimniú

Aimsir	Leathan	Caol
Aimsir Chaite	*-aíodh*	*-íodh*
Aimsir Láithreach	*-aítear*	*-ítear*
Aimsir Fháistineach	*-ófar*	*-eofar*
Modh Coinníollach	*-ófaí*	*-eofaí*
Aimsir Ghnáthchaite	*-aítí*	*-ítí*

Samplaí: **An Dara Réimniú**

Aimsir Chaite
Ceannaíodh an teach dhá bhliain ó shin. (.i. Cheannaigh duine éigin, nach bhfuil a fhios againn cérbh é, an teach sin.)
Insíodh an scéal sin ag an gceolchoirm an oíche ar osclaíodh an halla

nua.

Aimsir Láithreach
Ceannaítear páipéir nuachtáin sa siopa sin gach lá.
Insítear na scéalta is tábhachtaí i seomra na nuachta gach lá.

Aimsir Fháistineach
Ceannófar an teach sin go luath mar tá an praghas ag ísliú le himeacht ama.
Inseofar scéalta faoin mbuachaill sin nuair a bheas sé níos sine.

Modh Coinníollach
Cheannófaí an teach dá mbeadh go leor airgid ag aon duine sa cheantar seo.
D'inseofaí an scéal sin, dá mbeadh aon duine ann le héisteacht leis.

Aimsir Ghnáthchaite
Cheannaítí i bhfad níos mó carranna sular thosaigh an ghéarchéim sa gheilleagar.
D'insítí i bhfad níos mó scéalta sula raibh teilifís ar bith ann.

N.B.
(i) Ní bhíonn séimhiú ar thúschonsan an bhriathair shaoir in am ar bith san Aimsir Chaite.
(ii) Cuirtear séimhiú ar thúschonsan an bhriathair shaoir sa Mhodh Coinníollach.
(iii) Cuirtear *d'-* roimh bhriathar a thosaíonn le guta nó *f* sa Mhodh Coinníollach agus san Aimsir Ghnáthchaite.

12.10 Má agus Dá
12.10.1 Tá trí chónasc ann a leanann coinníoll nó cur i gcás iad, de ghnáth. *Má*, *dá* agus *mura(r)* [=diúltach de *má* agus *dá*] na cónaisc atá i gceist.

12.10.2 Má tharla, nó má tharlaíonn nó más dócha go dtarlóidh an rud atá ráite sa choinníoll nó sa chur i gcás, úsáidtear *má* nó *mura(r)*. Féach ar na samplaí anseo. *Murar* a úsáidimid san Aimsir Chaite, *mura* san Aimsir Láithreach agus san Aimsir Fháistineach.

Ráiteas ... Coinníoll/Cur i gcás
Níl a fhios agam an bhfuil an leabhar sin ar fáil ...
ach *má tá* ceannóidh mé duit é.
Níl mé cinnte an bhfuil an leabhar sin ar fáil ...
ach *mura bhfuil* ní bheidh mé in ann é a cheannach duit.
Níl a fhios agam an mbeidh sé ag an léacht ...
ach *mura mbeidh* gheobhaidh mise na nótaí dó.

12.10.3 Murar tharla nó mura dtarlóidh nó má tá amhras ann go dtarlóidh an rud atá ráite sa choinníoll nó sa chur i gcás, úsáidimid *dá* nó *mura*.

Ráiteas ... Coinníoll/Cur i gcás
Níl an leabhar a luaigh tú ar fáil ...
ach *dá mbeadh sé* cheannóinn duit é.
D'fhanfainn sa teach leis ...
dá mbeadh a fhios agam go mbeadh sé ann.
Is cinnte go mbeadh sé in am ...
dá n-imeodh sé luath go leor.

12.10.4 Leanann séimhiú *má*, ach ní chuirtear séimhiú ar na briathra *deir, dúirt, fuair* nó *tá*. Is í an fhoirm neamhspleách den bhriathar a leanann *má*. [cf. 12.1.1 - 12.1.4].

Má tá sí ina codladh, ná dúisigh í.
Má bhí siad sa halla, ní fhaca mise iad.

Má thagann sí anocht, abair léi fanacht liomsa.
Má imíonn sibh go luath, beidh sibh ann in am.

12.10.5 I ndiaidh *dá*, cuirimid urú ar bhriathra a thosaíonn le consan agus cuirimid *n-* roimh bhriathra a thosaíonn le guta. Féach ar na samplaí seo thíos.

Dá mbeadh sí ina codladh, *ní dhúiseoinn* í.
Ní raibh siad sa halla, ach *dá mbeadh, d'fheicfinn* iad.

Dá dtiocfadh sí anocht, *déarfainn* léi fanacht liomsa.
Dá n-imeodh sibh go luath, *bheadh* sibh ann in am.

12.11   An Chlaoninsint

12.11.1 Is féidir cuntas a thabhairt ar an méid a deir duine ar dhá bhealach. Is féidir focail bheachta an chainteora a scríobh síos agus uaschamóga a úsáid thart orthu. Tugtar Caint Dhíreach air seo. Nó is féidir ceann de na briathra *abair, fiafraigh, iarr* srl. a úsáid agus athruithe áirithe a dhéanamh ar na focail atá le hathinsint.

Díreach: "Tá tart orm," arsa Muiris.
Indíreach: Deir Muiris go bhfuil tart air.
                  Dúirt Muiris go raibh tart air.
Díreach: "Fuair mé bronntanas deas uaithi," arsa Seán.
Indíreach: Dúirt Seán go bhfuair sé bronntanas deas uaithi.

12.11.2 Tar éis briathair cosúil le *deir, is dóigh le, cheap* srl., úsáidimid foirm spleách an bhriathair atá sa ráiteas díreach i ndiaidh na míreanna briathartha *go, gur, nach, nár*. Leanann urú *go* agus *nach*, agus leanann séimhiú *gur* agus *nár*.

12.11.3 Nuair a bhímid ag athrú Caint Dhíreach go dtí Caint Indíreach (Claoninsint), caithfimid athruithe a chur ar aimsirí na mbriathra. Seo iad na hathruithe a dhéantar nuair a thagann briathar san Aimsir Chaite roimh an ráiteas a dhéantar sa Chaint Dhíreach.

(a) Aimsir Láithreach	>	Aimsir Chaite
(b) Aimsir Ghnáthláithreach	>	Modh Coinníollach
(c) Aimsir Fháistineach	>	Modh Coinníollach

Ní athraímid briathra atá san Aimsir Chaite, an Aimsir Ghnáthchaite nó an Modh Coinníollach cheana féin nuair a thagann briathar tosaigh atá san Aimsir Chaite ag tús an ráitis.

Díreach: *Tá* áthas uirthi *go bhfuil* an bhliain thart.
Indíreach: Dúirt sí *go raibh* áthas uirthi *go raibh* an bhliain thart.

Díreach: "*Má thagann tú* in am, *gheobhaidh tú* iad," arsa Seán léi.
Indíreach: Dúirt Seán léi *dá dtiocfadh sí* am *go bhfaigheadh sí* iad.

Díreach: "*Baileoidh mise* duit é," arsa Bríd le Tomás.
Indíreach: Dúirt Bríd le Tomás *go mbaileodh sise* dó é.

Díreach: "*D'ólainn* Guinness i gcónaí nuair *a bhí mé* óg," arsa Seán.
Indíreach: Dúirt Seán *go n-óladh sé* Guinness i gcónaí nuair **a** *bhí sé* óg.

12.11.4 Nuair atáimid ag iarraidh orduithe a tugadh sa Chaint Dhíreach a athrú go dtí Caint Indíreach, leanaimid na nósanna seo a leanas.

(a) **Briathra Neamhaistreacha**

Sa Chaint Indíreach déantar ainm briathartha den phríomhbhriathar san abairt. Nuair atá orduithe diúltacha i gceist, úsáidimid *gan*.

Dúirt an múinteoir liom ... (*"Éirigh* agus *téigh* amach") *éirí* agus *dul* amach.

Dúirt an múinteoir liom ... (*"Ná himigh arís"*) *gan imeacht* arís.

Dúirt an múinteoir linn ... (*"Siúlaigí* go gasta") *siúl* go gasta.

Dúirt an múinteoir linn ... (*"Ná suígí* síos go fóill") *gan suí* síos go fóill.

(b) **Briathra Aistreacha**

Nuair atá cuspóir ag an mbriathar sa Chaint Indíreach, tagann an cuspóir ar dtús sa Chaint Indíreach agus déantar ainm briathartha den phríomhbhriathar atá sa ráiteas díreach.

Dúirt an múinteoir liom ...(*"Faigh do* chóipleabhar agus *déan* an ceacht") *mo chóipleabhar a fháil* agus an ceacht *a dhéanamh*.

Dúirt an múinteoir liom ... (*"Ná glan* an seomra") *gan* an seomra *a ghlanadh*.

Tagairtí:
CO: lgh 46-59
GG: lgh 4-17, 26-31
GGBC: §§14.1-14.49, 302-13
GI: lgh 55-74, 95-8
NGBC: lgh 2-7, 10-5, 22-7, 36-41, 86-91, 96-101, 112-5, 146-9, 150-1
NIG: lgh 92-100, 147-9

RG: lgh 8-23, 34-47, 60-3, 64-69
ÚG[L]:lgh 40-68, 194-99

Ceacht 12.1
Bain na lúibíní sna habairtí seo a leanas agus scríobh an fhoirm cheart den bhriathar i ngach cás.

1. (Cuir) oraibh bhur (cuid) cótaí nó gheobhaidh sibh slaghdán.
2. (Ceannaigh) stampaí dom inniu má bhíonn an t-am agaibh.
3. (Bain) díbh bhur (cuid) bróg sula dtagann sibh isteach sa teach.
4. Ar (buaigh) siad an cluiche?
5. Ar (ceap) tú go raibh sé suimiúil?
6. Ar (ól) sibh mo bhuidéal fíona?
7. An (cas) tú léi mórán anois?
8. An (éirigh) sibh go luath ar maidin?
9. An (sábháil) sibh mórán airgid má (téigh) sibh ar an mbád?
10. An (ceannaigh) siad ceann uait, má (tosaigh) tú á ndíol go luath?

Ceacht 12.2
Cuir "Deir sé" roimh gach ceann de na habairtí seo a leanas.

1. Glanaim an teach ó bhun go barr gach lá.
2. Déanfaidh sibh bhur gceachtanna tar éis am scoile.
3. Cuireann siad a gcuid málaí sa chófra ar dtús.
4. Ní ólaim ar chor ar bith.
5. Déanaim deifir abhaile gach lá.

Ceacht 12.3
Cuir "Duirt sé" roimh gach ceann de na habairtí seo a leanas.

1. Dúnaim an doras gach oíche.
2. Gearrfaidh na páistí na pictiúirí amach as na leabhair.

3. Rithimid abhaile ón scoil i gcónaí.
4. Scríobhfaidh an t-oide na ceisteanna amach dúinn.
5. Léann tú leabhar in aghaidh na seachtaine.

Ceacht 12.4
Cuir an fhoirm cheart den Bhriathar Saor isteach i ngach abairt thíos.

1. (Scríobh) na céadta leathanach de nótaí gach lá.
2. (Cuir) airgead i dtaisce anuraidh chun go mbeadh an duais ann.
3. (Líon) na foirmeacha sin ag an am cuí.
4. (Ceannaigh) go leor ticéad don chrannachur Dé Céadaoin seo chugainn.
5. (Ceartaigh) na haistí sin ar fad roimh an Nollaig seo caite.
6. (Bain) feidhm as an dlí chun daoine a chosaint.
7. (Díol) cuid mhór téacsleabhar i siopa leabhar na hollscoile gach uile bhliain.
8. (Ith) go leor ceapairí sa chaintín an tseachtain seo chugainn.
9. (Tiomáin) na hAirí Rialtais thart i gcarranna móra.
10. (Caith) an TD sin amach ag an gcéad olltoghchán eile.

Aonad 13: An Briathar Neamhrialta

13.1 Foirmeacha Spleácha agus Neamhspleácha

13.1.1 Is é atá i gceist le 'foirm spleách' ná an fhoirm sin den bhriathar a dtagann míreanna cosúil le *an, ní, nach*, srl. roimpi. Ní féidir leis an bhFoirm Spleách seasamh léi féin, mar sin caithfidh ceann de na míreanna seo teacht roimpi. Is é is Foirm Neamhspleách ann, an fhoirm sin den bhriathar a sheasann léi féin: *rinne, faigheann, gheobhaidh, briseann, dhúnfadh* srl.

13.1.2 Maidir le cuid de na briathra neamhrialta, áfach, bíonn foirmeacha spleácha ar leith acu agus tá sé tábhachtach iad a aithint. Is iad na briathra *bí, déan, faigh, feic*, agus *téigh* atá i gceist. Tá na foirmeacha spleácha sa chló iodálach.

Briathar	Aimsir Chaite	Aimsir Láithreach	Aimsir Fháistineach	Modh Coinníollach
Bí	Bhí	Tá		
	raibh	*bhfuil*		
Déan	Rinne			
	dhearna/ ndearna			
Faigh	Fuair		Gheobhaidh	Gheobhadh
	bhfuair		*bhfaighidh*	*bhfaigheadh*
Feic	Chonaic			
	fhaca/bhfaca			
Téigh	Chuaigh			
	dheachaigh/ ndeachaigh			

13.1.3 Le briathra áirithe, caithfimid foirm neamhspleách an bhriathair a úsáid i ndiaidh na míreanna briathartha agus ceisteacha. I gcás briathra eile, áfach, caithfimid an fhoirm spleách a úsáid i gcónaí. Féach ar an tábla thíos a léiríonn an dá chineál míreanna agus na hamanna a úsáidtear iad.

Neamhspleách	Spleách
Úsáid an fhoirm neamhspleách den bhriathar leis na míreanna seo a leanas: *cé, cad/cad é, céard,* *cén t-am, cén uair, cathain,* *cad é mar, conas, cá mhéad,* *cé chomh minic is, cén fhad, nuair,* *má, ó*	Úsáid an fhoirm spleách den bhriathar leis na míreanna seo a leanas: *an, ní, nach, go,* *cá, cén áit, dá, mura, sula* *cén fáth, cad chuige,* *cén dóigh, cén tslí, cén chaoi*
Samplaí san aimsir chaite Cén uair a chonaic sé thú? Céard a rinne sé ort? Cathain a tháinig an bus ar maidin? Cá mhéad duine a bhí i gceist? Cé chomh minic is a chuaigh siad ann? Cén fhad a d'fhan tú sa Fhrainc?	**Samplaí san aimsir chaite** An bhfaca sé aréir thú? Ní dhearna siad an scrúdú ar chor ar bith. Cén fáth ar tháinig an bus go luath? Cad chuige a raibh an méid sin ann? Cén dóigh a ndeachaigh siad ann? Cén fáth ar fhan tú chomh fada sin?
Samplaí san aimsir láithreach Céard a dhéanann sí nuair nach bhfuil sí ag obair? Cathain a fhaigheann sé an bus de ghnáth? Cá mhéad duine a bhíonn leat? Cé chomh minic is a bhailíonn sibh í? Cén fhad a fhanann tú leo de ghnáth?	**Samplaí san aimsir láithreach** Cén fáth a ndéanann sí é sin? Cad chuige a bhfaigheann sé ag an am sin é? Cad chuige a mbíonn siad leat? Cén áit a mbailíonn sibh í? Cén áit a bhfanann tú nuair atá siad déanach?
Samplaí san aimsir fháistineach Cathain a fheicfidh an Príomhoide thú? Cad é a dhéanfaidh sí mura dtagann sé? Conas a bheidh a fhios acu? Cén fhad a thógfaidh sé orthu?	**Samplaí san aimsir fháistineach** Cén áit a bhfeicfidh sí thú? Cén dóigh a ndéanfaidh tú an ceacht sin? Cén dóigh a mbeidh a fhios acu? Cad chuige a dtógfaidh sé an fad sin orthu?

13.2   An Modh Ordaitheach

13.2.1   Chun ordú a thabhairt sa Ghaeilge, baintear úsáid as fréamh
an bhriathair sa dara pearsa uatha. Chun ordú a thabhairt do
níos mó ná duine amháin, cuirtear *-aigí* nó *-igí* le fréamh an
bhriathair. Tá na foirmeacha cearta tugtha anseo thíos. Tabhair
faoi deara nach bhfuil foirmeacha ordaitheacha uatha nó iolra
ag *clois*.

Fréamh	M. Ord. Uatha	M. Ord. Iolra
Abair	Abair	Abraigí
Beir	Beir	Beirigí
Bí	Bí	Bígí
Déan	Déan	Déanaigí
Faigh	Faigh	Faighigí
Feic	Feic	Feicigí
Ith	Ith	Ithigí
Tabhair	Tabhair	Tugaigí
Tar	Tar	Tagaigí
Téigh	Téigh	Téigí

13.3   An Aimsir Chaite

13.3.1   Úsáidtear *ar* agus *níor* roimh chuid de na briathra neamhrialta
agus *an* agus *ní* roimh chuid eile acu. Is maith is fiú na
briathra éagsúla seo a fhoghlaim toisc a choitianta atá siad.

Abair
An ndúirt tú liom go raibh tú tinn?
Dúirt./Ní dúirt (nó Níor dhúirt.)
Nach ndúirt? (nó Nár dhúirt?)

Beir
Ar/nár rug sé ar an liathróid i gceart?
Rug./Níor rug.

147

Bí
An/nach raibh siad ar scoil inné?
Bhí./Ní raibh.

Clois
Ar/nár chuala tú an t-albam nua atá acu fós?
Chuala./Níor chuala.

Déan
An/nach ndearna sibh an aiste in am?
Rinne./Ní dhearna.

Faigh
An/nach bhfuair sí ticéid don cheolchoirm?
Fuair./Ní bhfuair.

Feic
An/nach bhfaca sibh An Nuacht aréir?
Chonaic./Ní fhaca.

Ith
Ar/nár ith na páistí bricfeasta ar maidin?
D'ith./Níor ith.

Tabhair
Ar/nár thug sé an aiste isteach don oide?
Thug./Níor thug.

Tar
Ar/nár tháinig siad ar ais don léacht?
Tháinig./Níor tháinig.

Téigh
An/nach ndeachaigh sibh amach aréir?
Chuaigh./Ní dheachaigh.

13.3.2 An Chéad Phearsa Iolra san Aimsir Chaite: *-(e)amar* nó *muid*.

Tugtar 'foirm scartha' ar fhoirm den bhriathar sa chéad phearsa iolra nach bhfuil an forainm ceangailte leis an mbriathar féin: *chuaigh muid* in áit *chuamar*. Nuair atá an forainm ina dhlúthchuid den bhriathar, tugtar 'foirm tháite' air.

Rinneamar na ceachtanna breise.
          Rinne muid na ceachtanna breise.
D'itheamar a raibh ar an tábla.
          D'ith muid a raibh ar an tábla.
D'fhreagraíomar na ceisteanna.
          D'fhreagair muid na ceisteanna.
Bhailíomar na cóipeabhair ar fad.
          Bhailigh muid na cóipleabhair ar fad.

13.4 Aimsir Láithreach
13.4.1 Úsáidimid an Aimsir Láithreach chun labhairt faoi rud atá fíor anois nó rud atá fíor i gcónaí.

Tá mé ag freastal ar Choláiste Phádraig, Droim Conrach.
Tá mé ar fhoireann peile an Choláiste.
Tá dhá chluais ar gach duine.

13.4.2 Úsáidimid an Aimsir Ghnáthláithreach i ngach cás eile - chun labhairt faoi rudaí a tharlaíonn go rialta, mar shampla.

Bím ag freastal ar léachtaí agus ar ranganna gach lá sa

Choláiste.
Bím ag traenáil leis an bhfoireann peile dhá uair sa tseachtain.

13.4.3   Is ionann an Láithreach agus an Gnáthláithreach do gach briathar seachas an briathar *bí*. I gás an bhriathair *bí*, tá na foirmeacha *tá* agus *bíonn* aige. Is é *tá* an Aimsir Láithreach agus *bíonn* an Aimsir Ghnáthláithreach. Seo iad na foirmeacha den bhriathar *bí* san Aimsir Láithreach agus san Aimsir Ghnáthláithreach.

An Aimsir Láithreach

táim/ tá mé	táimid	nílim/ níl mé	nílimid
tá tú	tá sibh	níl tú	níl sibh
tá sé/sí	tá siad	níl sé/sí	níl siad

An/nach bhfuil?

An Aimsir Ghnáthláithreach

bím	bímid	ní bhím	ní bhímid
bíonn tú	bíonn sibh	ní bhíonn tú	ní bhíonn sibh
bíonn sé/sí	bíonn siad	ní bhíonn sé/sí	ní bhíonn siad

An/nach mbíonn

Na Briathra Neamhrialta Eile

Abair
Deirim
Deir tú/sé/sí/sibh/siad
Deirimid
An/nach deir?/
Ní deir   .

Beir
Beirim
Beireann tú/sé/sí/sibh/siad
Beirimid
An/nach mbeireann?/
Ní bheireann.

150

Clois
Cloisim
Cloiseann tú/sé/sí/sibh/siad
Cloisimid
An/nach gcloiseann?/
Ní chloiseann.

Déan
Déanaim
Déanann tú/sé/sí/sibh/siad
Déanaimid
An/nach ndéanann?/
Ní dhéanann.

Faigh
Faighim
Faigheann tú/sé/sí/sibh/siad
Faighimid
An/nach bhfaigheann?/
Ní fhaigheann.

Feic
Feicim
Feiceann tú/sé/sí/sibh/siad
Feicimid
An/nach bhfeiceann?/
Ní fheiceann.

Ith
Ithim
Itheann tú/sé/sí/sibh/siad
Ithimid
An/nach itheann?/Ní itheann.

Tabhair
Tugaim
Tugann tú/sé/sí/sibh/siad
Tugaimid
An/nach dtugann?/Ní thugann.

Tar
Tagaim
Tagann tú/sé/sí/sibh/siad
Tagaimid
An/nach dtagann?/Ní thagann.

Téigh
Téim
Téann tú/sé/sí/sibh/siad
Téimid
An/nach dtéann?/Ní théann.

13.4.4 Ceisteanna agus Freagraí san Aimsir Láithreach

Mar atá feicthe thuas againn, úsáidtear *an* san Aimsir Láithreach chun ceist a chumadh. Cuireann sé urú ar thús an bhriathair a leanann é.

Ceist: An *bh*feicéann tú do chairde go minic?
Freagra: Feicim./Ní *fh*eicim. (nó Feiceann./Ní *fh*eiceann.)

Ní thagann aon athrú ar bhriathra a thosaíonn le guta i ndiaidh *an*.

13.5 An Aimsir Fháistineach

13.5.1 Déantar cur síos anseo ar fhoirmeacha na mbriathra neamhrialta san Aimsir Fháistineach.

Bí

beidh mé	beimid	ní bheidh mé	ní bheimid
beidh tú	beidh sibh	ní bheidh tú	ní bheidh sibh
beidh sé/sí	beidh siad	ní bheidh sé/sí	ní bheidh siad

An/nach beidh?

Na Briathra Neamhrialta Eile

Abair
Déarfaidh mé
Déarfaidh tú/sé/sí/sibh/siad
Déarfaimid
An/nach ndéarfaidh?/
Ní déarfaidh.

Beir
Béarfaidh mé
Béarfaidh tú/sé/sí/sibh/siad
Béarfaimid
An/nach mbéarfaidh?/
Ní bhéarfaidh.

Clois
Cloisfidh mé
Cloisfidh tú/sé/sí/sibh/siad
Cloisfimid
An/nach gcloisfidh?/
Ní chloisfidh.

Déan
Déanfaidh mé
Déanfaidh tú/sé/sí/sibh/siad
Déanfaimid
An/nach ndéanfaidh?/
Ní dhéanfaidh.

Faigh
Gheobhaidh mé
Gheobhaidh tú/sé/sí/sibh/siad
Gheobhaimid
An/nach bhfaighidh?/
Ní bhfaighidh.

Feic
Feicfidh mé
Feicfidh tú/sé/sí/sibh/siad
Feicfimid
An/nach bhfeicfidh?/
Ní fheicfidh.

Ith
Íosfaidh mé
Íosfaidh tú/sé/sí/sibh/siad
Íosaimid
An íosfaidh?/Ní íosfaidh./
Nach n-íosfaidh?

Tabhair
Tabharfaidh mé
Tabharfaidh tú/sé/sí/sibh/siad
Tabharfaimid
An/nach dtabharfaidh?/
Ní thabharfaidh.

Tar
Tiocfaidh mé
Tiocfaidh tú/sé/sí/sibh/siad
Tiocfaimid
An/nach dtiocfaidh?/
Ní thiocfaidh.

Téigh
Rachaidh mé
Rachaidh tú/sé/sí/sibh/siad
Rachaimid
An/nach rachaidh?/
Ní rachaidh.

13.5.2   Mar atá feicthe thuas againn, úsáidtear *an* san Aimsir Láithreach chun ceist a chumadh. Cuireann sé urú ar thús an bhriathair a leanann é.

Ceist: An *bh*feicfidh tú do chairde amárach?
Freagra: Feicfidh./Ní *fh*eicfidh.

Ní thagann aon athrú ar bhriathra a thosaíonn le guta i ndiaidh *an*.

13.6   An Modh Coinníollach

13.6.1   Cuirtear *d'* roimh ghutaí agus roimh *f* sa Mhodh Coinníollach:

| ith | *d'*íosfainn | ní íosfainn |
| feic | *d'*fheicfinn | ní fheicfinn |

13.6.2   Tugtar foirmeacha éagsúla an bhriathair *bí* ar dtús.

Bí

bheinn	bheimis	ní bheinn	ní bheimis
bheifeá	bheadh sibh	ní bheifeá	ní bheadh sibh
bheadh sé/sí	bheidís	ní bheadh sé/sí	ní bheidís

An/nach mbeadh?

Na Briathra Neamhrialta Eile

Abair
Déarfainn
Déarfá
Déarfadh sé/sí/sibh
Déarfaimis
Déarfaidís
An/nach ndéarfadh?/
Ní déarfadh.

Beir
Bhéarfainn
Bhéarfá
Bhéarfadh sé/sí/sibh
Bhéarfaimis
Bhéarfaidís
An/nach mbéarfadh?/
Ní bhéarfadh.

Clois
Chloisfinn
Chloisfeá

Déan
Dhéanfainn
Dhéanfá

154

Chloisfeadh sé/sí/sibh
Chloisfimis
Chloisfidís
An/nach gcloisfeadh?/
Ní chloisfeadh.

Faigh
Gheobhainn
Gheofá
Gheobhadh sé/sí/sibh
Gheobhaimis
Gheobhaidís
An/nach bhfaigheadh?/
Ní bhfaigheadh.

Ith
D'íosfainn
D'íosfá
D'íosfadh sé/sí/sibh
D'íosfaimis
D'íosfaidís
An íosfadh?/Ní íosfadh./
Nach n-íosfadh?

Tar
Thiocfainn
Thiocfá
Thiocfadh sé/sí/sibh
Thiocfaimis
Thiocfaidís
An/nach dtiocfadh?/
Ní thiocfadh.

Dhéanfadh sé/sí/sibh
Dhéanfaimis
Dhéanfaidís
An/nach ndéanfadh?/
Ní dhéanfadh.

Feic
D'fheicfinn
D'fheicfeá
D'fheicfeadh sé/sí/sibh
D'fheicfimis
D'fheicfidís
An/nach bhfeicfeadh?/
Ní fheicfeadh.

Tabhair
Thabharfainn
Thabharfá
Thabharfadh sé/sí/sibh
Thabharfaimis
Thabharfaidís
An/nach dtabharfadh?/
Ní thabharfadh.

Téigh
Rachainn
Rachfá
Rachadh sé/sí/sibh
Rachaimis
Rachaidís
An/nach rachadh?/
Ní rachadh.

13.7   An Aimsir Ghnáthchaite

13.7.1 Cuirtear *d'* roimh ghutaí agus roimh *f* sa Ghnáthchaite:

ith	*d'*ithinn	ní ithinn
feic	*d'*fheicinn	ní fheicinn

13.7.2 Tugtar foirmeacha éagsúla an bhriathair *bí* ar dtús.

Bí

bhínn	bhímis	ní bhínn	ní bhímis
bhíteá	bhíodh sibh	ní bhíteá	ní bhíodh sibh
bhíodh sé/sí	bhídís	ní bhíodh sé/sí	ní bhídís

An/nach mbíodh?

Na Briathra Neamhrialta Eile

Abair
Deirinn
Deirteá
Deireadh sé/sí/sibh
Deirimis
Deiridís
An/nach ndeireadh?/
Ní deireadh.

Beir
Bheirinn
Bheirteá
Bheireadh sé/sí/sibh
Bheirimis
Bheiridís
An/nach mbeireadh?/
Ní bheireadh.

Clois
Chloisinn
Chloisteá
Chloiseadh sé/sí/sibh
Chloisimis
Chloisidís
An/nach gcloiseadh?/
Ní chloiseadh.

Déan
Dhéanainn
Dhéantá
Dhéanadh sé/sí/sibh
Dhéanaimis
Dhéanaidís
An/nach ndéanadh?/
Ní dhéanadh.

Faigh
D'fhaighinn
D'fhaighteá
D'fhaigheadh sé/sí/sibh
D'fhaighimis
D'fhaighidís
An/nach bhfaigheadh?/
Ní bhfaigheadh.

Feic
D'fheicinn
D'fheicteá
D'fheiceadh sé/sí/sibh
D'fheicimis
D'fheicidís
An/nach bhfeiceadh?/
Ní fheiceadh.

Ith
D'ithinn
D'iteá
D'itheadh sé/sí/sibh
D'ithimis
D'ithidís
An itheadh?/Ní itheadh./
Nach n-itheadh?

Tabhair
Thugainn
Thugtá
Thugadh sé/sí/sibh
Thugaimis
Thugaidís
An/nach dtugadh?/
Ní thugadh.

Tar
Thagainn
Thagtá
Thagadh sé/sí/sibh
Thagaimis
Thagaidís
An/nach dtagadh?/Ní thagadh.

Téigh
Théinn
Théiteá
Théadh sé/sí/sibh
Théimis
Théidís
An/nach dtéadh?/Ní théadh.

13.8 An Briathar Saor

13.8.1 Tugtar foirmeacha an Bhriathair Shaoir sa tábla seo a leanas.

Abair

Aimsir Chaite	dúradh
Aimsir Láithreach	deirtear
Aimsir Fháistineach	déarfar

| Modh Coinníollach | déarfaí |
| Aimsir Ghnáthchaite | deirtí |

Beir

Aimsir Chaite	rugadh
Aimsir Láithreach	beirtear
Aimsir Fháistineach	béarfar
Modh Coinníollach	bhéarfaí
Aimsir Ghnáthchaite	bheirtí

Bí

Aimsir Chaite	bhíothas
Aimsir Láithreach	táthar
Aimsir Fháistineach	beifear
Modh Coinníollach	bheifí
Aimsir Ghnáthchaite	bhítí

Clois

Aimsir Chaite	cloiseadh
Aimsir Láithreach	cloistear
Aimsir Fháistineach	cloisfear
Modh Coinníollach	chloisfí
Aimsir Ghnáthchaite	chloistí

Déan

Aimsir Chaite	rinneadh
Aimsir Láithreach	déantar
Aimsir Fháistineach	déanfar
Modh Coinníollach	dhéanfaí
Aimsir Ghnáthchaite	dhéantaí

Faigh

| Aimsir Chaite | fuarthas |

Aimsir Láithreach	faightear
Aimsir Fháistineach	gheofar
Modh Coinníollach	gheofaí
Aimsir Ghnáthchaite	d'fhaightí

Feic

Aimsir Chaite	chonacthas
Aimsir Láithreach	feictear
Aimsir Fháistineach	feicfear
Modh Coinníollach	d'fheicfí
Aimsir Ghnáthchaite	d'fheictí

Ith

Aimsir Chaite	itheadh
Aimsir Láithreach	itear
Aimsir Fháistineach	íosfar
Modh Coinníollach	d'íosfaí
Aimsir Ghnáthchaite	d'ití

Tabhair

Aimsir Chaite	tugadh
Aimsir Láithreach	tugtar
Aimsir Fháistineach	tabharfar
Modh Coinníollach	thabharfaí
Aimsir Ghnáthchaite	thugtaí

Tar

Aimsir Chaite	thángthas
Aimsir Láithreach	tagtar
Aimsir Fháistineach	tiocfar
Modh Coinníollach	thiocfaí
Aimsir Ghnáthchaite	thagtaí

Téigh

Aimsir Chaite	chuathas
Aimsir Láithreach	téitear
Aimsir Fháistineach	rachfar
Modh Coinníollach	rachfaí
Aimsir Ghnáthchaite	théití

Tagairtí:
CO: lgh 60-70
GG: lgh 20-1, 32-43
GGBC: §§14.50-14.60
GI: lgh 75-87
NGBC: lgh 8-9, 16-7, 28-9, 44-5, 92-3, 101-2, 151-2
NIG: lgh108-112
RG: 26-7, 48-59

Ceacht 13.1
Athraigh na focail idir lúibíní sna habairtí seo a leanas.

1. (Déan) bhur ndícheall an obair sin a bheith críochnaithe agaibh roimh a cúig.
2. (Tar) isteach agus (suigh) síos. (uimhir iolra)
3. An (faigh) sé mo theachtaireacht?
4. An (téigh) sé ar laethanta saoire anuraidh?
5. Ar (tar) Ciarán ar ais ón Astráil fós?
6. (Ith) siad an dinnéar ag a seacht a chlog.
7. Ní (bí) sé anseo ar an Aoine.
8. Dá (clois) mé a ghuth, (bí) a fhios agam cé a bhí ann.
9. Ní (abair) sí liom cé a bhí ag caint léi.
10. An (tar) tú go dtí an cheolchoirm sin liom?

Ceacht 13.2
Cuir "Dúirt sé" roimh gach ceann de na habairtí thíos agus déan cibé

athrú is gá.

1. Tiocfaidh siad amárach.
2. Tar isteach, a Sheáin.
3. Níor éirigh le Tadhg sa scrúdú fós.
4. Suigh síos, a Liam.
5. Ní ceart di bheith anseo.
6. Níl a fhios agam an beo nó marbh atá siad.
7. Tá guthán póca nua agam.
8. Beidh an scoil dúnta amárach.
9. Ná dúnaigí bhur leabhair fós.
10. Caithfidh mé imeacht leo.

Aonad 14: An Briathar le Réamhfhocal

14.1   Leanann roinnt mhaith réamhfhocal simplí briathra atá in úsáid
go coitianta sa teanga agus is minic a athraíonn na réamhfocail
seo ciall an bhunbhriathair a dtéann siad leis. Tugtar liosta de
na cinn is coitianta anseo, ach ní liosta cuimsitheach é.

bain as	Bhain sé geit asam.
bain de	Bhain sí a cóta di féin.
bain le	Ní bhaineann sé sin liomsa.
buail ar	Bhuail siad bob orm.
buail le	Buailim le Seán gach tráthnóna Aoine.
cas ar	Chas sé ar a bhaile dúchais.
	Casadh bean orm.
cuir ar	Ná cuir an milleán ormsa.
cuir faoi	Cá bhfuil tú ag cur fút faoi láthair?
cuir le	Chuir siad síneadh leis an teach.
cuir ó	Cuir uait an amaidí sin.
éirigh as	D'éirigh sé as a phost nuair a bhí sé 65.
éirigh le	D'éirigh liom onóracha fháil sa chéim.
éirigh idir	D'éirigh idir an bheirt fhear amuigh.
lig ar	Lig mé orm nach bhfaca mé iad.
lig as	Lig sí scread aisti.
tabhair ar	Tugtar 'Teach na bPúcaí' ar an seanteach sin.
tabhair do	Tabhair dom é nuair a bheas sé léite agat.
tabhair le	Tabhair leat é, más mian leat. Táim réidh leis.
tabhair faoi	Thug an fear ólta fúm gan leithscéal ar bith.

Tagairtí:
GGBC: §§22.13-22.18
ÚG[L]: Aonaid 11, 23 & 25

Ceacht 14.1
Léigh an liosta briathra sin thuas agus bain úsáid as an bhfoclóir chun briathar nach dtuigeann tú a aimsiú. Cum abairtí a léiríonn ciall deich gcinn de na briathra thuas.

Ceacht 14.2
Faigh fiche briathar a leanann réamhfhocal iad nach bhfuil ar an liosta thuas agus cuir in abairtí iad chun a gciall a léiriú.

Aonad 15: An Dobhriathar

15.1 Réamhrá

15.1.1 Is é rud atá i gceist le 'dobriathar' ná focal nó grúpa focal a cháilíonn (.i. a thugann níos mó eolais dúinn faoi) fhocal eile nach ainmfhocal nó forainm é.

(a) Briathar – D'imigh siad *inné*.

(b) Ainm Briathartha - Abair leo fanacht *anseo*.

(c) Aidiacht Bhriathartha – Tá sé críochnaithe *go deas* agat.

(d) Aidiacht – Tá sé *measartha* saibhir.

(e) Dobhriathar eile – Ní dhéanann siad cleachtadh minic *go leor*.

(f) Réamhfhocal Simplí – *Beagnach* faoin uisce.

(g) Réamhfhocal Comhshuite – *Go gairid* i ndiaidh a deich.

(h) Cónasc – *Go díreach* sular labhair sibh.

15.1.2 Tá cineálacha éagsúla dobhriathra ann. Déantar cur síos ar na príomhchinn anseo thíos.

(a) An dobhriathar ama – anocht, fós, go luath, riamh, go fóill

(b) An dobhriathar breischéime – níb, níba, níos

(c) An dobhriathar cainníochta – ar fad, beagnach, measartha, sách

(d) An dobhriathar ceisteach – cá, cathain, cad é mar, conas

(e) An dobhriathar dearfa – go, gur

(f) An dobhriathar diúltach – ní, níor, nach, nár

(g) An dobhriathar ionaid – anseo, thíos, thuas, ann

(h) An dobhriathar minicíochta – faoi dhó, go hannamh, go minic

(i) An dobhriathar treo – amach, isteach, anall, siar, soir

15.2.1 Is é atá i gceist le dobhriathar aidiachtach dobhriathar a bhfuil foirm aidiachta aige agus a mbíonn *go* roimhe de ghnáth. Mar shampla: 'Tá siad ag ullmhú go dian do na scrúduithe.' Fágtar an focal *go* ar lár sna cásanna seo a leanas, áfach.

(a) Má tá dobhriathar eile á cháiliú: labhraíonn Síle Gaeilge cuíosach maith; níor shiúil siad fada go leor.

(b) Má tá dobhriathar aidiachtach eile roimhe: dáileadh na duaiseanna go fial flaithiúil.

(c) Roimh na focail measartha, cuibheasach, sách: tá siad measartha/cuíosach/sách déanach.

(d) Má tá sé ag cáiliú aidiacht aitreabúideach: bhí slua measartha mór ann.

15.3 An Dobhriathar Ama

15.3.1 Tugtar na príomhshamplaí den dobhriathar ama sa liosta thíos. Tabhair faoi deara an dóigh a n-athraíonn an focal *riamh* a chiall i gcomhthéacsanna éagsúla.

(a) **riamh**

Ní raibh mé sa Ghearmáin riamh. (I was never in Germany.)

Bhí sé glic riamh agus beidh choíche. (He was always (past) cute and always will be (future).

Chonaic mé aréir é den chéad uair riamh. (I saw him last night for the first time ever.)

An raibh tú riamh ar chúrsa sa Ghaeltacht? (Were you ever on a course in the Gaeltacht?)

Ní rachaidh siad choíche/go deo/go brách. (They'll never go there.)

Tabhair faoi deara gur *riamh* a úsáidimid do *never* san am atá thart agus *choíche* a úsáidtear do *never* don am atá le teacht.

165

(b) dobhriathra ama eile
D'éirigh sí tinn *i rith / i gcaitheamh* na hoíche. (She got sick *during* the night.)
An raibh tusa sa Choláiste *le* mo linnse? (Were you in College *during* my time?)
Bhí cúrsaí eacnamaíochta go dona *le linn / i rith* na n-ochtóidí. (The economy fared poorly *during* the eighties.)

(c) ar feadh/go ceann/i gceann
Nuair a úsáidtear na frásaí seo i gcúrsaí ama, bíonn difríochtaí beaga céille eatarthu. Go bunúsach úsáidtear *ar feadh* nuair atáthar ag trácht ar am atá thart, *go ceann* ar am atá ann faoi láthair agus ag leanúint ar aghaidh, agus *i gceann* ar phointe ama atá sa todhchaí. Féach ar na samplaí seo:

(a) Chónaigh siad sa Ghaeltacht ar feadh trí bliana.
(b) Bhog siad go dtí an Ghaeltacht agus tá sé i gceist acu fanacht ansin go ceann dhá bhliain.
(c) Beidh siad ag bogadh go dtí an Ghaeltacht i gceann sé mhí.

15.3.2 Úsáidtear laethanta na seachtaine ar dhá bhealach. Is féidir (a) na laethanta a ainmniú agus (b) iad a lua mar dhobhriathra ama.

(a)	(b)
an Domhnach	Dé Domhnaigh
an Luan	Dé Luain
an Mháirt	Dé Máirt
an Chéadaoin	Dé Céadaoin
an Déardaoin	Déardaoin
an Aoine	Dé hAoine
an Satharn	Dé Sathairn

Tá an nós ag fás go forleathan sa chaint leagan (a) thuas a úsáid in ionad *Dé*. Mar shampla, 'beidh siad anseo ar an Luan' srl.

15.3.3   Tá roinnt dobhriathra a thagraíonn d'am atá caite agus cuid a thagraíonn d'am atá le teacht. Is dobhriathra úsáideacha iad agus is fiú go mór na cinn choitianta a fhoghlaim.

(a) **am atá caite**
inné
arú inné (dhá lá ó shin)
Dé hAoine seo caite
Déardaoin seo a d'imigh tharainn (seo caite)
Dé Domhnaigh seo a chuaigh thart (seo caite)
Seachtain is an lá inniu (seachtain ó shoin)
Seachtain is an lá inné (seachtain ó shin ón lá inné)
Coicís is an Luan seo caite (dhá sheachtain roimh an Luan seo caite)

(b) **am atá le teacht**
amárach
arú amárach/amanathar/anóirthear (an lá tar éis amárach)
Dé Máirt seo chugainn
Seachtain ón lá inniu/ó inniu (an lá seo an tseachtain
                                                              seo chugainn)
Seachtain ón lá amárach/ó amárach
Coicís ón lá inniu/ó inniu (i gceann dhá sheachtain eile)
An lá arna mhárach (an chéad lá eile)
An lá dár gcionn (an chéad lá eile)

Tagairtí:
GG: lgh 94-5
GI: lgh 99-102

GGBC: §§21.1-21.38
NGBC: lgh 20-1, 144-5
NIG: lgh 139-42
RG: lgh 140-3
ÚG[L]: Aonad 19, Aonad 31.10

Ceacht 15.1

Scríobh contráthacht na ndobhriathra seo a leanas.

1. Amuigh
2. Anall
3. Anseo
4. Ar aghaidh
5. Ar tosach
6. Go deas
7. Go dona
8. Go hard
9. I láthair
10. Os íseal
11. Thall
12. Thíos

Ceacht 15.2

Aistrigh na habairtí seo a leanas go Gaeilge.

1. Have you ever been in France?
2. He was here last Wednesday week.
3. They won't be coming for another fortnight.
4. You'll (iolra) never be able to go back to that hotel again.
5. The first time I ever heard them play was at the Point Theatre.
6. They are practising hard for the final.
7. She got the results of her examinations the next day.

8.   Weren't you here a fortnight ago last Tuesday?
9.   My friend will be in Austria on Erasmus for the next semester.
10.   Tea and butter were very scarce during the Second World War.

Aonad 16:   Suíomh, Gluaiseacht agus Treo

16.1.1   Tá na dobhriathra treo luaite sa léaráid thíos. Samhlaigh gur tú an duine i lár na léaráide. Tabharfaidh na saigheada le fios duit cén dobhriathar is cóir a úsáid ag brath ar an treo ina bhfuil an duine le taisteal. Cuireann na focail dar tús *s* (*síor, soir*) agus na focail a bhfuil *ó* rompu (ó thuaidh, ó dheas) gluaiseacht ar shiúl ón chainteoir in iúl. Cuireann na focail dar tús *th* (*thuaidh, theas, thiar, thoir*) an suíomh nó an t-ionad in iúl, agus cuireann na focail dar tús *a* (*aduaidh, aneas, aniar, anoir*) gluaiseacht i dtreo an chainteora in iúl.

thuaidh

ag dul ó thuaidh	ag teacht aduaidh
ag dul siar	ag dul soir
thiar **an duine**	thoir
ag teacht aniar	ag teacht anoir
ag dul ó dheas	ag teacht aneas

theas

16.1.2   Nuair atá treoracha á lua sa Ghaeilge tugann an cainteoir iad agus eisean/ise an lárphointe tosaigh. Mar shampla, má tá an duine i mBaile Átha Luain, téann sé/sí ó thuaidh go Béal Feirste, ó dheas go Corcaigh, siar go Gaillimh agus soir go Baile Átha Cliath. Úsáidtear na treoracha eile don turas ar ais: ag teacht aduaidh ó Bhéal Feirste srl.

16.2.1 Maidir leis na focail suas, síos srl., tá léaráid eile thíos faoi a thugann na leaganacha cearta atá le húsáid. Cuireann na focail dar tús *s* (*suas, síos, sall/anonn*) gluaiseacht ar shiúl ón chainteoir in iúl. Cuireann na focail dar tús *th* (*thuas, thíos, thall*) an suíomh nó an t-ionad in iúl, agus cuireann na focail dar tús *a-* (*anuas, aníos, anall*) gluaiseacht i dtreo an chainteora in iúl.

	thuas	
ag dul suas		ag teacht anuas
ag dul sall/anonn		ag dul sall/anonn
thall	**an duine**	thall
ag teacht anall		ag teacht anall
ag dul síos		ag teacht aníos
	thíos	

16.3.1 Is cóir na dobhriathra *isteach* agus *amach* a úsáid nuair atá gluaiseacht i gceist. Úsáidtear na do bhriathra *istigh* agus *amuigh* le staid nó suíomh a chur in iúl. Ba cheart don mhac léinn iad seo a fhoghlaim de ghlanmheabhair mar is minic iad mícheart ag mic léinn sa chaint agus sa scríobh. Féach ar na samplaí seo a leanas.

(a) Oibríonn Ciarán sa chathair. Téann sé isteach go dtí an oifig ar an traein gach lá. Is istigh i lár na cathrach atá an oifig suite.

(b) Caitheann Ciara a cuid leathanta saoire sa Spáinn gach bliain. Téann sí amach gach tráthnóna chuig na clubanna oíche lena cairde. I rith an lae, áfach, is istigh in aice leis an linn snámha a bhíonn sí.

Tagairtí:
GG: lgh 94-5
GGBC: §§21.10-21.21, 21.24-21.34
GI: lgh 99-100
NGBC: lgh 20-1,144-5
NIG: lgh 139-42
RG: lgh 140-3
ÚG[L]: Aonad 19, 31.10

Ceacht 16.1

Cuir an leagan ceart den dobhriathar treo isteach i ngach ceann de na spásanna thíos.

Má tá duine ag taisteal ar fud na hÉireann, téann sé/sí …

1. _____ ó Bhéal Átha na Slua go Cill Dara.
2. _____ ó Dhroichead Átha go Béal Feirste.
3. _____ ó Phort Láirge go Ciarraí.
4. _____ ó Dhún na nGall go Corcaigh.

Anois scríobh na habairtí sin amach arís don turas ar ais i ngach cás.

1. Tháinig an duine _____ ó Chill Dara go Béal Átha na Slua.
2. Tháinig an duine _____ ó Bhéal Feirste go Droichead Átha.
3. Tháinig an duine _____ ó Chiarraí go Port Láirge.
4. Tháinig an duine _____ ó Chorcaigh go Dún na nGall

Ceacht 16.2

Cuir Gaeilge ar na habairtí seo a leanas.

1. We walked up to the top of the hill.
2. It was very cold while we were up there.
3. I nearly fell on the way back down.
4. We walked quickly down to the bottom again.
5. When we were finally down at the bottom it started to rain.
6. We ran over to the cars.
7. Once we were inside them, we were able to dry ourselves.
8. Paul ran over to a little shop, bought two coffees and came back over to the car again.
9. He said that it wasn't too cold outside but that a mist was coming down the hill.
10. We saw some other cars arriving up at the car-park from the valley below.

Aonad 17: An Chopail

17.1 Foirmeacha na Copaile san Aimsir Láithreach

17.1.1 An Chopail a thugtar ar an mbriathar *Is* san Aimsir Láithreach nuair a fheidhmíonn sé mar nasc nó mar cheangal idir focail.

17.1.2 Ní an fhoirm dhiúltach den Chopail agus *an* an fhoirm cheisteach san Aimsir Láithreach. Nuair atá caint indíreach (nó claoninsint) i gceist, *gur* nó *gurb* an fhoirm indíreach dhearfach a úsáidtear agus *nach* an fhoirm indíreach dhiúltach.

17.2 *Is*: Abairtí Aicme

17.2.1 Is é a chiallaíonn 'abairt aicme' ná abairt ina bhfuil duine éigin nó rud éigin á lua le haicme (.i. grúpa) éigin. Is ionann é seo agus a rá, ar bhealach eile: 'Baineann Seán le grúpa ar a dtugtar Gardaí' nó 'Baineann Fionnuala le haicme ar a dtugtar múinteoirí'. Tugtar 'an t-ainmní' ar an duine nó an rud atá á lua san abairt agus tugtar 'an fhaisnéis' ar an ngrúpa a bhfuil an t-ainmní á lua leis. Féach ar na samplaí seo thíos.

An Chopail	*An Fhaisnéis*	*An tAinmní*
Is	Garda	Seán.
Is	múinteoir	Bríd.
Is	mac léinn	mise.
Ní	léachtóir	í.
Ní	ainmhí	é.
An	peileadóir	í?
An	polaiteoirí	iad?

17.2.2 Má chuirtear briathar cosúil le *Deir* roimh abairt aicme, caithfimid an fhoirm indíreach den chopail a úsáid, toisc gur abairt indíreach atá anois ann, (nó claoninsint mar a thugtar sa ghramadach air.) Féach ar na samplaí thíos.

An Briathar	An Chopail	An Fhaisnéis	An tAinmní
Deir sí	*gur*	Garda	Seán.
Deir siad	*gur*	múinteoir	Bríd.
Deir sé	*gur*	mac léinn	mise.
Deir sibh	*nach*	léachtóir	í.
Deir siad	*nach*	ainmhí	é.

17.2.3   San abairt aicme, bíonn an fhaisnéis roimh an ainmní i gcónaí agus bíonn an fhaisnéis i gcónaí éiginnte.

17.3   *Is*: **Abairtí Ionannais**

17.3.1   Is é a chiallaíonn abairt ionannais ná abairt ina bhfuiltear a rá gurb ionann an t-ainmní agus an fhaisnéis. Tugtar 'an t-ainmní' ar an duine nó an rud atá á lua san abairt agus tugtar 'an fhaisnéis' ar an bpíosa eolais a thugtar faoin ainmní. Féach ar na samplaí seo thíos.

An Chopail	An Forainm	An tAinmní	An Fhaisnéis
Is	é	Seán	an Garda áitiúil.
Is	í	Bríd	an múinteoir bunscoile.
Ní	hí	Cáit	an múinteoir ranga.
Ní	hiad	na buachaillí	na mic léinn is fearr.
Nach	é	Seosamh	an príomhoide?
Nach	é	Bertie Ahern	an Taoiseach?
An	í	an bhean sin	an bainisteoir?
An	iad	na cailíní sin	na ceoltóirí a luaigh tú.

17.3.2   Má chuirtear briathar cosúil le *Deir* roimh abairt ionannais, caithfimid an fhoirm indíreach den chopail a úsáid, toisc gur abairt indíreach atá anois ann, (nó 'claoninsint' mar a thugtar sa ghramadach air.) *Gur/gurb* an fhoirm indíreach dhearfach

175

den chopail agus *nach* an fhoirm indíreach dhiúltach den chopail. Féach ar na samplaí thíos.

An Briathar	An Chopail	An Forainm	An tAinmní	An Fhaisnéis
Deir sí	*gurb*	é	Seán	an Garda áitiúil.
Deir siad	*gurb*	í	Bríd	an múinteoir.
Deir sé	*nach*	í	Cáit	an múinteoir ranga.
Deir sibh	*nach*	iad	na buachaillí	na mic léinn is sine.

17.3.3 San abairt ionannais, bíonn an t-ainmní *roimh* an bhfaisnéis. Caithfidh an tAinmní agus an Fhaisnéis a bheith cinnte. Más ainmfhocal atá san Ainmní, caithfidh an forainm cuí a bheith roimhe.

17.3.4 Conas a aithnímid ainmfhocal atá cinnte? Seo thíos roinnt treoracha faoi chinnteacht ainmfhocal.

    (i)   **Ainmfhocal Dílis**: Máire, Pilib, Droichead Átha, Foinse, Fiacla™

    (ii)   **Ainmfhocal & an tAlt roimhe**: an dochtúir, na páistí, an teach

    (iii)   **Ainmfhocal & an Aidiacht Shealbhach roimhe**: mo mhála, ár mbróga

    (iv)   **Forainm Pearsanta (cinnte i gcónaí)**: mé, tú, sé, sí, muid, sibh, siad

17.4   Foirmeacha na Copaile san Aimsir Chaite

17.4.1 *Ba* an phríomhfhoirm den Chopail a úsáidtear san Aimsir Chaite nuair a fheidhmíonn sí mar nasc nó mar cheangal idir focail.

17.4.2 *Níor* an fhoirm dhiúltach den Chopail agus *ar/nár* na foirmeacha ceisteacha san Aimsir Chaite. Nuair atá caint indíreach (nó claoninsint) i gceist, *gur* nó *gurbh* an fhoirm indíreach dhearfach a úsáidtear agus *nár* nó *nárbh* an fhoirm indíreach dhiúltach atá ann.

17.5 *Ba*: Abairtí Aicme

17.5.1 Is é a chiallaíonn 'abairt aicme' ná abairt ina bhfuil duine éigin nó rud éigin á lua le haicme (.i. grúpa) éigin. Is ionann é seo agus a rá, ar bhealach eile: 'Baineann Seán le grúpa ar a dtugtar Gardaí' nó 'Baineann Fionnuala le haicme ar a dtugtar múinteoirí'. Tugtar 'an t-ainmní' ar an duine nó an rud atá á lua san abairt agus tugtar 'an fhaisnéis' ar an ngrúpa a bhfuil an t-ainmní á lua leis.

San Aimsir Chaite den Chopail, leanann séimhiú *Ba*, *Níor*, *Ar* agus *Gur*. Féach ar na samplaí seo thíos.

An Chopail	*An Fhaisnéis*	*An tAinmní*
Ba	Gharda	Seán.
Ba	mhúinteoir	Bríd.
Ba	mhac léinn	mise.
Níor	léachtóir	í.
Níorbh	ainmhí	é.
Ar	pheileadóir	í?
Ar	pholaiteoirí	iad?

17.5.2 Má chuirtear briathar cosúil le *Dúirt* roimh abairt aicme, caithfimid an fhoirm indíreach den Chopail a úsáid, toisc gur abairt indíreach atá anois ann, (nó 'claoninsint' mar a thugtar sa ghramadach air.) Féach ar na samplaí thíos.

An Briathar	An Chopail	An Fhaisnéis	An tAinmní
Dúirt sí	gur	Gharda	Seán.
Dúirt siad	gur	mhúinteoir	Bríd.
Dúirt sé	gur	mhac léinn	mise
Dúirt sibh	nár	léachtóir	í.
Dúirt siad	nárbh	ainmhí	é.

17.5.3 San abairt aicme, bíonn an fhaisnéis roimh an ainmní i gcónaí agus bíonn an fhaisnéis i gcónaí éiginnte.

17.6 *Ba*: **Abairtí Ionannais**

17.6.1 Is é a chiallaíonn 'abairt ionannais' ná abairt ina bhfuiltear a rá gurb ionann an t-ainmní agus an fhaisnéis. Tugtar an t-ainmní ar an duine nó an rud atá á lua san abairt agus tugtar an fhaisnéis ar an bpíosa eolais a thugtar faoin ainmní. Roimh fhocail dar tús guta nó *f*, athraíonn na foirmeacha seo a leanas den Chopail:

níor go *níorbh, nár* go *nárbh, ar* go *arbh*

Féach ar na samplaí seo thíos.

An Chopail	An Forainm	An tAinmní	An Fhaisnéis
Ba	é	Seán	an Garda áitiúil.
Ba	í	Bríd	an múinteoir bunscoile.
Níor*bh*	í	Cáit	an múinteoir ranga.
Níor*bh*	iad	na buachaillí	na mic léinn ba fhearr.
Nár*bh*	é	Seosamh	an príomhoide?
Nár*bh*	é	Bertie Ahern	an Taoiseach?
Ar*bh*	í	an bhean sin	an bainisteoir?
Ar*bh*	iad	na cailíní sin	na ceoltóirí a luaigh tú/

178

17.6.2 Má chuirtear briathar cosúil le *Dúirt* roimh abairt ionannais, caithfimid an fhoirm indíreach den chopail a úsáid, toisc gur abairt indíreach atá anois ann, (nó 'claoninsint' mar a thugtar sa ghramadach air.) *Gur/gurbh* an fhoirm indíreach dhearfach den chopail agus *nár/nárbh* an fhoirm indíreach dhiúltach den chopail. Úsáidtear *gurbh* agus *nárbh* roimh fhocail a thosaíonn le guta nó *f.* Féach ar na samplaí thíos.

An Briathar	An Chopail	An Forainm	An tAinmní	An Fhaisnéis
Dúirt sí	gurbh	é	Seán	an Garda áitiúil.
Dúirt siad	gurbh	í	Bríd	an múinteoir.
Dúirt sé	nárbh	í	Cáit	an múinteoir.
Dúirt sibh	nárbh	iad	na buachaillí	na mic léinn ba shine.

17.6.3 San abairt ionannais, bíonn an t-ainmní roimh an bhfaisnéis. Caithfidh an tAinmní agus an Fhaisnéis bheith cinnte. Más ainmfhocal atá san Ainmní, caithfidh an forainm cuí bheith roimhe. [cf. 17.3.4 chun eolas a fháil ar chinnteacht ainmfhocal]

17.7 An Chopail: Ceisteanna agus Freagraí
17.7.1 Is fiú na pointí seo a leanas a thabhairt faoi deara maidir le ceisteanna a fhreagairt a bhfuil an Chopail iontu.

(a) Nuair a leanann forainm pearsanta (*é, í, iad, mé/mise, tú/tusa* srl.) an Fhoirm Cheisteach den Chopail (*An / Nach*), bíonn an forainm sin sa fhreagra chomh maith.

Ceist: An í Bríd an múinteoir bunscoile s'againne?
Freagra: Is í.
Ceist: Nach iad sin na mic léinn a bhris an fhuinneog?

Freagra: Is iad.

(b) Má tá ainmfhocal éigin idir an Fhoirm Cheisteach den Chopail (*An / Nach*) agus an forainm (*é, í, iad, mé/mise, tú/tusa*) úsáidtear '*Sea / Ní he*a sa fhreagra.

Ceist: An státseirbhíseach é d'athair?
Freagra: 'Sea / Ní hea.
Ceist: Nach Éireannach í an páiste sin?
Freagra: Ní hea, ach Afracach.

(c) Nuair a leanann forainm réamhfhoclach (mar shampla, *agam(sa), orainn(e), leo(san)* an Fhoirm Cheisteach (*An / Nach*), bíonn an leagan cuí den fhorainm réamhfhoclach sin sa fhreagra:

Ceist: An agatsa atá mo leabhar?
Freagra: Is agam.
Ceist: Nach orainne atá an locht ar fad?
Freagra: Ní orainn, ach ar na daoine eile sin.

(d) Nuair a leanann aidiacht an Fhoirm Cheisteach den Chopail *(An / Nach)* go díreach, úsáidtear an aidiacht chéanna sa fhreagra:

Ceist: Nach deas an pictiúr é!
Freagra: Is deas.
Ceist: Nach uafásach an scéal é sin!
Freagra: Is uafásach, go deimhin.

17.8   An Chopail agus an Réamhfhocal *le*

17.8.1 Baintear úsáid as an gCopail agus as an réamhfhocal simplí *le* chun seilbh nó úinéireacht a chur in iúl. Féach ar na samplaí seo a leanas.

Cé *leis* an leabhar seo?

Is *liomsa* é. Is *le* Siobhán é.

Cér *leis* an siopa sin na blianta ó shin?

Ba *le* muintir Uí Cheallaigh é.

Is *liomsa* an peann sin, ní *le* duine ar bith eile.

Nach *leatsa* an cóta seo?

Ní *liom*. / Is *liom*.

Ar *leo* an seanteach sin tráth?

Ba *leo*, cinnte. / Níor *leo*, go deimhin.

Nár *linne* an babhta deireanach?

Ba *linn*. / Níor *linn*.

17.9   An Chopail agus an Chlaoninsint

17.9.1   Nuair a theastaíonn uainn Caint Dhíreach ina bhfuil foirm den Chopail a athrú go dtí Caint Indíreach, caithfimid foirmeacha na Copaile a athrú. Féach cad a tharlaíonn do *Is* agus *Ba* sa Chlaoninsint.

An Aimsir Láithreach

Díreach	Indíreach
is	*gur* (gan séimhiú)
ní	*nach*

An Aimsir Chaite

Díreach	Indíreach
ba (roimh chonsan)	*gur* (+ séimhiú)
ba (roimh ghuta nó f)*	*gurbh* (+ séimhiú ar f)*
níor (roimh chonsan)	*nár* (+séimhiú)
níorbh (roimh ghuta nó f)*	*nárbh* (+ séimhiú ar f)*

Díreach	Indíreach
Is múinteoir Bríd.	Deir sé gur múinteoir Bríd.
Ní amadán é siúd.	Deir siad nach amadán é siúd.
Ba Gharda Máire.	Dúirt sé gur Gharda Máire.
Ba iad siúd a rinne an rud.	Dúirt sé gurbh iad siúd a rinne an rud.
Níor cheart duit dul ann.	Dúirt sé liom nár cheart dom dul ann.
Níorbh í Síle an captaen.	Dúirt siad nárbh í Síle an captaen.

Tagairtí:
CO: lgh 80-1
GG: lgh 22-25
GGBC: §§16.1-16.70
GI: lgh 91-4
NGBC: lgh 50-1, 56-7
NIG: lgh113-6
RG: lgh 28-33
ÚG[L]: Aonaid 13 & 14

Ceacht 17.1
Líon na bearnaí leis an bhforainm cuí sna habairtí seo a leanas.

1. Is iontach an peileadóir _____.
2. Is _____ Máire an duine deireanach a chuaigh amach.
3. Ní _____ na fir mhóra a bhaineann an fómhar.
4. Nach _____ an mac léinn is fearr sa tír?
5. Is bocht an scéal _____.
6. An _____ sin na fir a chuaigh ar stailc?

7. Is _____ an fhoireann is fearr in Éirinn _____.
8. Is _____ an cailín sin a chaill a tusimitheoirí sa timpiste.
9. An _____ sin do dheirfiúr?
10. Nach _____ Colm an cúl báire ar an bhfoireann s'agatsa?

Ceacht 17.2
Anois, déan an ceacht in 17.1 arís, ach athraigh an Chopail i nach cás go dtí an Aimsir Chaite.

Ceacht 17.3
Cuir "Deir sé" roimh gach ceann de na habairtí seo a leanas.

1. Is breá an t-imreoir é.
2. Ní iasc atá ansin.
3. Is uafásach an scéal é.
4. Ní minic a fheiceann tú anseo iad.
5. Is ait an áit a bhfaighfeá gliomach.
6. Is aisteoir iontach í.
7. Ní múinteoir maith ar chor ar bith é.
8. Ní hiad sin na píobairí a bhain an comórtas ceoil.
9. Is ar maidin go luath a bhíonn sí anseo i gcónaí.
10. Is múinteoir a máthair agus is fear gnó a athair.

Ceacht 17.4
Anois déan an ceacht in 17.3 arís. Cuir "Dúirt sí" roimh na habairtí uile agus déan pé athrú is gá. Ná déan dearmad go mbeidh níos mó athruithe ná athruithe den Chopail i gceist.

Ceacht 17.5
Scríobh freagra dearfach agus freagra diúltach ar gach ceann de na ceisteanna seo a leanas.

1. An léachtoir í sin?

2. An sa teach go fóill atá Seán?
3. Nárbh iad Ciara agus Siobhán an bheirt ab fhearr?
4. Arbh eisean an stócach a rinne an damáiste?
5. An iad sin na cuairteoirí a bhí anseo inné?
6. Nach inniu a bhí siad le himeacht ar ais?
7. An libhse na rothair sin?
8. Arbh í Eilís a d'inis an ráfla sin duit?
9. Cér leis an teach sin fadó?
10. An inné a chuaigh Pádraig go Leamhcán le carr nua a cheannach?

Aonad 18: Cúrsaí Ama

18.1 Laethanta na Seachtaine agus a nÚsáid

18.1.1 Is ainmfhocail na focail Domhnach, Luan, Máirt, Céadaoin, Déardaoin, Aoine, Satharn.

18.1.2 Cuirtear an t-alt le laethanta na seachtaine nuair a ainmnítear mar seo a leanas iad: amárach an Domhnach, inniu an Luan (an Mháirt, an Chéadaoin, an Déardaoin, an Aoine, an Satharn).

18.1.3 Dé Domhaigh, Dé Luain, Dé Máirt, Dé Céadaoin, Déardaoin, Dé hAoine, Dé Sathairn na dobhriathra. *N.B.* Ní féidir ~~Dé Déardaoin~~ a scríobh nó a rá in am ar bith.

18.1.4 Is féidir na téarmaí *maidin Luain* (Mháirt, &rl.), *oíche Mháirt* (Chéadaoin &rl.), *tráthnóna Déardaoin* (Aoine &rl.) a úsáid ag tagairt do lá cinnte nó lá éiginnte.

N.B. Ní chuirtear séimhiú ar *Déardaoin* i ndiaidh *oíche.*

18.1.5 Má úsáidtear laethanta na seachtaine mar seo a leanas, is do lá cinnte atá siad ag tagairt: *an mhaidin Luain úd/sin; an chéad oíche Dhomhnaigh eile a bheas sí anseo.* Ní féidir leo tagairt do lá éiginnte.

18.1.6 Má úsáidtear na téarmaí *maidin Dé Domhnaigh, tráthnóna Dé Luain, oíche Dé Máirt* (Céadaoin, &rl.), is do lá cinnte a thagraíonn siad sin fosta.

18.2 Míonna na Bliana

18.2.1 Is iad seo a leanas míonna na bliana:

Gnáthainm	Ainm sa Ghinideach	Ainmneacha Traidisiúnta
Eanáir	mí Eanáir	Mí na Bliana Úire
Feabhra	mí (na) Feabhra	Mí na bhFaoilleach / Mí na Féile Bríde
Márta	mí an Mhárta	Mí na Féile Pádraig
Aibreán	mí Aibreáin	Mí na Riabhóige
Bealtaine	mí na Bealtaine	Mí na Bealtaine
Meitheamh	mí (an) Mheithimh	Mí na Féile Eoin / Mí Lár an tSamhraidh
Iúil	mí Iúil	Mí na Súl Buí / Mí na gCos Buí
Lúnasa	mí Lúnasa	Mí na Féile Muire
Meán Fómhair	mí Mheán Fómhair	Mí na gCoinnleach / Mí Lár an Fhómhair / Mí na Féile Michíl
Deireadh Fómhair	mí Dheireadh Fómhair	Mí Dheireadh an Fhómhair
Samhain	mí na Samhna	Mí na Samhna
Nollaig	mí na Nollag	Mí na Nollag

18.3 Séasúir, Féilte agus Ócáidí Tábhachtacha

18.3.1 Is iad seo a leanas séasúir na bliana sa Ghaeilge:

Gnáthainm	*Tuiseal Ginideach*
an tEarrach	Séasúr an Earraigh
an Samhradh	Séasúr an tSamhraidh
an Fómhar	Séasúr an Fhómhair
an Geimhreadh	Séasúr an Gheimhridh

18.3.2 Tugtar cuid d'fhéilte na bliana anseo thíos:

Lá Caille/Lá Cinn Bhliana	1 Eanáir
Nollaig Bheag	6 Eanáir
Lá Fhéile Bríde	1 Feabhra
Lá Fhéile Pádraig	17 Márta

186

Lá Bealtaine	1 Bealtaine
Lá Fhéile Eoin	24 Meitheamh
Lá Fhéile Peadair agus Póil	29 Meitheamh
Lá Fhéile Muire san Fhómhar	15 Lúnasa
Lá Fhéile Michíl	29 M Fómhair
Oíche Shamhna	31 D Fómhair
Lá Samhna/Lá na Naomh Uile	1 Samhain
Lá na Marbh/Lá na nAnamacha	2 Samhain
Oíche Nollag	24 Nollaig
Lá Nollag	25 Nollaig
Lá Fhéile Stiofáin	26 Nollaig
Oíche Chaille / Oíche Chinn Bhliana	31 Nollaig

18.3.3 Tugtar *An Carghas* ar *Lent* agus *An tSeachtain Mhór* ar *Holy Week* sa Ghaeilge. Is iad seo a leanas laethanta agus féilte a bhaineann leis an séasúr seo:

Ainm Traidisiúnta	Am
Máirt na hInide	An lá roimh Chéadaoin an Luaithrigh.
Céadaoin an Luaithrigh	An chéad lá den Charghas.
An Carghas	An 40 lá roimh an gCáisc.
An tSeachtain Mhór	An tseachtain dheireanach den Charghas.
Domhnach na Pailme/Páise	An chéad lá den tSeachtain Mhór.
Céadaoin an Bhraith	An Chéadaoin sa tSeachtain Mhór.
Déardaoin na Comaoineach	An Déardaoin sa tSeachtain Mhór.
Aoine an Chéasta	An Aoine sa tSeachtain Mhór.
Domhnach Cásca	An lá deireanach den Charghas.

Tagairtí:
GG: lch 124
GGBC: §§21.24-21.34
GI: lgh 100-1
NGBC: lgh 162-3
RG: lch 265; ÚG[L]: Aonad 20

Aonad 19: An Clásal Coibhneasta

19.1 Réamhrá

Úsáidtear an Clásal Coibhneasta chun dhá abairtín bheaga, nó dhá fhrása, nó dhá chlásal a bhfuil gaol (.i. coibhneas) eatarthu a cheangal le chéile in aon abairt amháin. Is focal beag ar nós *a* nó *ar*, *nach* nó *nár* a cheanglaíonn an dá chuid le chéile. Míreanna coibhneasta nó forainmneacha coibhneasta a thugtar ar na focail bheaga seo. Is minic a chuireann siad athrú ar thús an bhriathair a leanann iad – séimhiú nó urú, mar shampla. Féach ar na samplaí thíos.

(a) Sin an fear. Ceannaíonn sé páipéar nuachta gach lá.
     Sin an fear a cheannaíonn páipéar nuachta gach lá.

(b) Sin an buachaill. Cheannaigh a mháthair rothar nua dó.
     Sin an buachaill ar cheannaigh a mháthair rothar nua dó.

(c) Is duine é. Ní cheannaíonn sé páipéir nuachta ar chor bith.
     Is duine é nach gceannaíonn páipéir nuachta ar chor ar bith.

(d) Is bean í. Níor cheannaigh sí carr riamh.
     Is bean í nár cheannaigh carr riamh.

19.1.1 Is é fáth a bhfuil an Clásal Coibhneasta beagáinín casta do mhic léinn ná go bhfuil dhá chineál clásal ann: an *Clásal Coibhneasta Díreach* agus an *Clásal Coibhneasta Indíreach*. Tá an Clásal Coibhneasta Díreach an–éasca agus bíonn sé ar eolas gan dua ag mic léinn de ghnáth. Tá an Clásal Coibhneasta Indíreach níos casta agus tógann sé am ar mhic léinn dul i dtaithí air. Féachaimís anois ar an dá shaghas clásal.

19.1.2 Déantar iarracht sa tábla thíos cur síos a dhéanamh ar na

188

forainmneacha coibhneasta a úsáidtear i gcomhthéacsanna éagsúla.

Briathra Rialta
(Abairtí Dearfacha)

Clásal	Aimsir Chaite	Gach Aimsir Eile
Díreach	a + séimhiú	a + séimhiú
Indíreach	ar + séimhiú	a + urú

Briathra Rialta
(Abairtí Diúltacha)

Clásal	Aimsir Chaite	Gach Aimsir Eile
Díreach & Indíreach	nár + séimhiú	nach + urú

19.2   Coibhneas Díreach nó Indíreach?

19.2.1 Is minic is í an deacracht is mó atá ag mic léinn an dá chineál clásal a aithint ó chéile. Go bunúsach, nuair a fhéachann an mac léinn ar an dá chlásal/fhrása atá le ceangal le chéile, caithfidh sé nó sí bheith in ann an clásal díreach a aithint ón gclásal indíreach sula mbeidh sé/sí ábalta na hathruithe cuí a chur i bhfeidhm. B'fhéidir go gcabhródh an treoir seo a leanas le mic léinn an difríocht idir eatarthu a thuiscint.

19.2.2 Má tá tagairt dhíreach sa dara habairt/frása don ainmní/phríomh-ainmfhocal sa chéad chlásal, deirtear go bhfuil an ceangal díreach agus is iad rialacha an Chlásail Choibhneasta Dhírigh atá le cur i bhfeidhm. Féach ar na samplaí thíos.

(a) Tá fear ag siúl síos an bóthar. Múineann sé sa bhunscoil áitiúil.

(b) Tá bean ag obair sa mhonarcha seo. Téann sí ar saoire go Páras

189

go minic.

(c) Beidh scrúduithe againn an tseachtain seo chugainn. Ní bheidh siad ródheacair.

(d) Bhí múinteoir againn ar scoil. Níor thug sé seans dom riamh ceist a fhreagairt.

In abairtí (a), (b), (c) agus (d) thuas, is iad fear, bean agus scrúduithe na príomhainmfhocail atá i gceist sa chéad abairt agus tagraíonn na forainmneacha *sé, sí* sa dara habairt go díreach dóibh. Deirtear, mar sin, go bhfuil an ceangal idir an dá abairt díreach.

(a) Tá fear ag siúl síos an bóthar a mhúineann sa bhunscoil áitiúil.

(b) Tá bean ag obair sa mhonarcha seo a théann ar saoire go Páras go minic.

(c) Beidh scrúduithe againn an tseachtain seo chugainn nach mbeidh ródheacair.

(d) Bhí múinteoir againn ar scoil nár thug seans dom riamh ceist a fhreagairt.

Ó na samplaí thuas is féidir linn cúpla riail a aithint:

(i) Nuair atá an Clásal Coibhneasta díreach agus dearfach, úsáidimid *a* mar fhorainm coibhneasta. Úsáidimid i ngach aimsir é agus cuireann sé séimhiú i gcónaí ar an mbriathar a leanann é. (Ar ndóigh, ní chuireann sé séimhiú ar chonsan nach féidir a shéimhiú nó ar ghuta.)

(ii) Nuair atá an Clásal Coibhneasta díreach, ach diúltach, is *nach* a úsáidimid agus cuireann sé urú ar an mbriathar ina dhiaidh. Úsáidtear *nach* i ngach aimsir seachas an Aimsir Chaite. San Aimsir Chaite is *nár* a úsáidtear agus leanann séimhiú é sin.

19.3 An Clásal Coibhneasta Indíreach

19.3.1 Tá trí chineál clásal i gceist leis an gClásal Coibhneasta Indíreach. Déantar cur síos orthu anseo.

19.3.2 Má tá tagairt sa dara cuid den chlásal do dhuine/rud sa chéad chlásal, ach nach é an duine nó an rud sin atá i gceist go díreach, deirtear go bhfuil an ceangal idir an dá abairt indíreach. Féach ar na samplaí thíos.

(a) Seo an bhean. Díolann a mac carranna.
Seo an bhean *a* ndíolann a mac carranna.

(b) Tá páistí ag an doras. Oibríonn a máthair sa mhonarcha.
Tá páistí ag an doras *a* n-oibríonn a máthair sa mhonarcha.

Sna samplaí thuas, is iad na focail *bean* agus *páistí* na príomhainmfhocail sa chéad abairt. Ní luaitear an bhean nó na páistí sa dara habairt, ach is léir go bhfuil baint indíreach ag an mbean agus ag na páistí leis an bpríomhainmfhocal sa dara clásal. Toisc go bhfuil seilbh nó úinéireacht i gceist leis an gcoibhneas, deirtear go bhfuil Feidhm Ghinideach i gceist sa chlásal agus sin an fáth a gcaithfimid an clásal coibhneasta indíreach a úsáid. Is *whose* a bheadh i gceist i gclásal coibhneasta an Bhéarla.

19.3.3 Má tá tagairt sa dara cuid den chlásal siar do dhuine/rud éigin sa chéad chuid agus má úsáidtear réamhfhocal/forainm réamhfhoclach sa dara clásal chun an tagairt sin a dhéanamh, deirtear go bhfuil Feidhm Thabharthach i gceist agus caithfimid an Clásal Coibhneasta Indíreach a úsáid. *That/which/whom* a bheadh i gceist i gclásal coibhneasta an Bhéarla. Féach ar na samplaí thíos:

Seo bean. Tá aithne agam uirthi.

Seo bean *a bhfuil* aithne agam uirthi.

Sin fear. Bhí fearg mhór air.
Sin fear *a raibh* fearg mhór air.

Tá cailín beag ansin. Ceannaím milseáin di gach lá.
Tá cailín beag ansin *a g*ceannaím milseáin di gach lá.

19.3.3 Tá an tríú sampla den Chlásal Coibhneasta bunaithe ar ainmfhocail atá sa Tuiseal Chuspóireach. Deirtear go bhfuil Feidhm Chuspóireach i gceist sna clásail seo agus caithfimid an Clásal Coibhneasta Indíreach a úsáid. *That/which/whom* a bheadh i gceist i gclásal coibhneasta an Bhéarla. Féach ar na samplaí seo thíos.

Tá crann sa pháirc. Bhuail an tintreach é.
Tá crann sa pháirc *ar* b*h*uail an tintreach é.

Tá páistí sa teach sin. Buaileann tinneas go minic iad.
Sin páistí a mbuaileann tinneas go minic iad.

Sin an gadaí. Chonaic an garda *é*.
Sin an gadaí a *bhfaca* an garda *é*.

19.3.4 Tagann athruithe difriúla ar thús an bhriathair tar éis na bhforainmneacha coibhneasta sa chlásal indíreach. Déantar cur síos orthu anseo.

(i) Nuair atá an Clásal Coibhneasta indíreach agus dearfach, úsáidimid *a* mar fhorainm coibhneasta. Úsáidimid i ngach aimsir é, seachas an Aimsir Chaite, agus cuireann sé urú i gcónaí ar an mbriathar a leanann é. (Ar ndóigh, ní chuireann sé urú ar chonsan nach féidir a urú.)

(ii) Nuair atá an Clásal Coibhneasta indíreach agus dearfach againn san Aimsir Chaite, is ar a úsáidimid agus leanann séimhiú i gcónaí é.

(iii) Nuair atá an Clásal Coibhneasta indíreach, ach diúltach, is nach a úsáidimid agus cuireann sé urú ar an mbriathar ina dhiaidh. Úsáidtear *nach* i ngach aimsir seachas an Aimsir Chaite. San Aimsir Chaite is *nár* a úsáidtear agus leanann séimhiú é.

Féach ar an tábla in 19.1.3 agus feicfidh tú cur síos achomair ar an gcóras.

19.4 Briathra Neamhrialta san Aimsir Chaite

19.4.1 Baineann na pointí seo a leanas le briathra neamhrialta san Aimsir Chaite. Is fiú aire mhaith a thabhairt dóibh toisc gur briathra coitianta atá i gceist leo.

• Úsáid an Fhoirm Spleách den bhriathar atá i gceist (liosta thíos) i gcónaí
• *a* an mhír choibhneasta dhearfach
• *nach* an mhír choibhneasta dhiúltach
• leanann urú *a* agus *nach* i gcónaí

Briathra Neamhrialta
(Abairtí Dearfacha)

Clásal	Aimsir Chaite	Gach Aimsir Eile
Díreach	*a* + séimhiú [seachas dúirt, rinne, fuair, rug. Bíonn *d'* roimh ghuta agus f.]	*a* + séimhiú
Indíreach	*ar* + séimhiú [seachas briathra le foirm spleách faoi leith. cf. 19.4.2]	*a* + urú

Briathra Neamhrialta
(Abairtí Diúltacha)

Clásal	Aimsir Chaite	Gach Aimsir Eile
Díreach & Indíreach	*nár* + séimhiú	*nach* + urú

19.4.2   Tá roinnt briathra sa Ghaeilge a bhfuil foirmeacha spleácha acu a úsáidtear sa Chlásal Coibhneasta **Indíreach**. Seo thíos iad.

Bí:

Sin an bhean. Bhí a mac tinn.

Sin an bhean *a raibh* a mac tinn.

Sin na daoine. Ní raibh siad tinn inné.

Sin na daoine *nach raibh* tinn inné.

Déan:

Sin an cailín. Rinne mé an aiste di.

Sin an cailín *a ndearna* mé an aiste di.

Sin an bhean. Ní dhearna sí obair ar bith.

Sin an bhean *nach ndearna* obair ar bith.

Feic:

Sin an garda. Chonaic sé an sagart.

Sin an sagart *a bhfaca* an garda é.

Sin an bhean. Ní fhaca sí an timpiste.

Sin an bhean *nach bhfaca* an timpiste.

Téigh:

Sin an bhean. Chuaigh a huncail amach.

Sin an bhean *a ndeachaigh* a huncail amach.

Sin an fear. Ní dheachaigh sé amach.

Sin an fear *nach ndeachaigh* amach.

Faigh:

Sin an gasúr. Fuair a chara bás.

Sin an gasúr *a bhfuair* a chara bás.

    Sin an bhean. Ní bhfuair a hiníon an duais.

    Sin an bhean *nach bhfuair* a hiníon an duais.

Sin an múinteoir. Gheobhaidh a iníon bonn.

Sin an múinteoir *a bhfaighidh* a iníon bonn.

    Sin an múinteoir. Ní bhfaigheadh a iníon an duais ar ór nó ar airgid.

    Sin an múinteoir *nach bhfaigheadh* a iníon an duais ar ór nó ar airgid.

Tagairtí:

GG: lgh 90-3

GGBC: §§27.1-27.32, 28.1-28.12

NGBC: lgh 170-1

NIG: lgh 143-6

RG: lgh 120-127

ÚG[L]: Aonaid 31 & 32

Ceacht 19.1

Cuir ceangal coibhneasta idir na habairtí seo a leanas

1. An é sin an gasúr? Faigheann sé na páipéir gach maidin.
2. Cén uair? Tiocfaidh sí inniu.
3. Sin é an fear. Chonaic Seán a charr sa chlós.
4. Chonaic mé an siopa. Bíonn Mícheál ag obair ann.
5. Sin í an bhean. Tá mo dheirfiúr ina cónaí léi.
6. Is ar an Satharn seo chugainn. Thabharfaidh mé an t-airgead ar ais di.
7. Sin iad na ceoltóirí. Bhain siad an chéad duais sa chomórtas.
8. Sin í m'aintín. Ní fheicim rómhinic í.

9. Is bean í. Ní chreidim focal uaithi.
10. Is duine é sin. Déanann sé a dhícheall i gcónaí.

Ceacht 19.2
Cuir ceangal coibhneasta idir na habairtí seo a leanas

1. Sin an fear. Bhí a mhac san otharlann.
2. An sibhse na paisinéirí? Tá bhur gcuid málaí caillte.
3. Sin obair. Ní bheidh a toradh le feiceáil go ceann i bhfad.
4. Seo an cailín. Casadh a huncail ort ag an gceolchoim Dé Sathairn seo a chuaigh thart.
5. Is duine é sin. Chuaigh a cháil ar fud na tíre.
6. Sin iad na mic léinn. Tá a gcuid pictiúirí ar taispeáint i Seomra na hEalaíne.
7. Sin fear. Bhíodh a bhean chéile i bhfeighil an tsiopa tráth.
8. Ar chuala tú an scéal? Bhí gach duine ag caint faoi ar maidin.
9. Sin í an bhean. Chonaic mé a carr taobh amuigh sa chlós níos luaithe inniu.
10. Sin iad na daoine. Chuaigh mé ar an ollscoil ina dteannta.

Aonad 20: An tAinmfhocal Teibí

20.1   Is é is ainmfhocal teibí ann, ainmfhocal a chuireann tréith, cáilíocht nó staid in iúl:

áilleacht, leanúnachas, ciúnas, daonlathas, eagla, mórtas.

20.2   Is ó aidiachtaí a thagann an chuid is mó de na hainmfhocail theibí. Féach ar an liosta seo a leanas:

ábaltacht < ábalta	bacaíl < bacach
clisteacht < cliste	bradaíl < bradach
crógacht < cróga	salachar < salach
aoibhneas < aoibhinn	gile < geal
saibhreas < saibhir	báine < bán
maitheas < maith	deirge < dearg
olcas < olc	bráithreachas < bráthair
díomhaointeas < díomhaoin	leanúnachas < leanúint

20.3   Is minic a úsáidtear Breischéim na hAidiachta [cf. Mír 9.5] mar ainmfhocal teibí, ach ní féidir é seo a dhéanamh le gach aidiacht. Dé ghnáth ní féidir a úsáid ach na haidiachtaí a chríochnaíonn ar chonsan, agus a gcríochnaíonn an bhreischéim s'acu ar -e nó -í:

Aidiacht	*Ainmfhocal Teibí*
	[.i. Breischéim na hAidiachta]
aimhréidh	aimhréidhe
bog	boige
caol	caoile
fial	féile
geal	gile

amaideach	amaidí
deireanach	deireanaí
déanach	déanaí
luath	luaithe

20.4.1 Tá an dara cineál ainmfhocail theibí ann, an tAinmfhocal Teibí Céime. Cuireann sé seo céim na cáilíochta in iúl. Taispéanfaidh na samplaí thíos an difríocht atá idir ainmfhocal teibí agus ainmfhocal teibí céime.

(a) Cuireann ciúnas na háite as dom.
[Gnáthainmfhocal teibí]

(b) Ní fhéadfainn a chreidbheáil a chiúine a bhí an áit.
[Ainmfhocal teibí céime]

(c) Bhí fuacht na hoíche ag dul go smior ionam.
[Gnathainmfhocal teibí]

(d) De réir a chéile a bhí an oíche ag dul i bhfuaire.
[Ainmfhocal teibí céime]

(e) Dá fhuaire an bheoir is ea is fearr.
[Ainmfhocal teibí céime]

Taispeánann an t-ainmfhocal teibí céime in (b) thuas cé chomh ciúin is a bhí an áit. In abairt (d) thuas taispeánann an t-ainmfhocal teibí céime go raibh fuacht na hoíche ag éirí níos measa, agus in abairt (e) thuas deirtear linn gur fearr an rud é an bheoir a bheith chomh fuar agus is féidir. Mar sin, tig linn a rá go dtugann an t-ainmfhocal teibí céime eolas breise dúinn faoi cháilíocht an ainmfhocail theibí sna cásanna sin uile thuas.

20.4.2   Úsáidimid an t-ainmfhocal teibí céime i ndiaidh na haidiachta
         sealbhaí *a* agus *dá* (do + a).

20.4.3   Tá foirmeacha speisialta ag na haidiachtaí seo a leanas:

dócha > dóichí	beag > laghad
dona > donacht	iomaí > liacht
fada > fad	mór > méad
maith > feabhas	olc > olcas
furasta > fusacht	tiubh > tiús
gearr > giorracht	

Dá dhonacht rudaí inniu, d'fhéadfaidís bheith níos measa
amárach.
Dá fhad an oíche, tiocfaidh an mhaidin ar deireadh.
Tá moladh ag dul dó a fheabhas a d'oibrigh sé.
Níor chreid sé a fhusacht a bhí sé an fhadhb a réiteach.
Dá laghad an t-ualach atá uirthi, is sásta a bhíonn sí.
Dá liacht focail a úsáideann tú is ea is fearr.
Dá mhéad airgead atá acu, níl siad sásta.

20.4.4   Úsáidimid an bhreischéim nó an bhreischéim + - *(a)cht, -ocht*
         i gcás an chuid is mó de na haidiachtaí eile. Mar shampla:

B'aoibhinn liom a bhinne, (a bhreátha, a chruinne, a líofa, a
shoiléire) a labhair an léachtóir.
Bhí iontas air a dhonacht (a achrannaí) a bhí an troid.
Dá leisciúla (dá dhonacht, dá shuaraí) mar dhuine é, caithfear
cur suas leis.
Dá ghlice (dá chróga, dá fhearúla) é, níor éirigh leis.

20.4.5   Úsáidimid an t-ainmfhocal teibí céime tar éis *cá*:

Cá fhad a chaith tú ansin?
Cá mhinice a fheiceann tú í?
Cá mhéad uair a bhuail tú é?
Cá liacht uair a theip orthu?

20.4.6 Úsáidimid an t-ainmfhocal teibí céime chun méadú sa cháilíocht atá i gceist againn a chur in iúl:

Tá sé ag dul i bhfuaire. Tá rudaí imithe i bhfeabhas.
Tá an gorta sa tSúdáin ag dul i ndonacht/in olcas.
Tá líon na mac léinn ollscoile ag dul i méad.
Tá líon na bhfear atá ina múinteoirí ag dul i laghad.

N.B. Ní úsáidimid an t-alt le *méad* agus níl aon fhoirm ghinideach aige ach an oiread.

Ag dul i méad; toisc a mhéad a bhí sé; dá mhéad é is ea is fearr; cá mhéad duine atá ann?

20.4.7 Bainimid úsáid as an fhocal *méid* (4f) chun cainníocht a chur in iúl:

méid mo lúcháire
deich n-acra an méid atá sa pháirc
sa mhéid gur Dia é

Ní chuirimid sa Tuiseal Ginideach é:

Dhéanfadh leath an méid sin cúis.
De bharr an méid eolais.

20.4.8 Cuireann *méid* (2b) toirt nó tomhas in iúl:

Cén mhéid atá ionat anois?

Tá siad ar aonmhéid.

Cuir na rudaí sin in ord de réir méide.

Tagairtí:

GGBC: §§24.21-24.26

NGBC: lgh 140-1

NIG: lgh 150-2

RG: lgh104-5

ÚG[L]: §35.5

Ceacht 20.1

Bain na lúibíní de na focail sna habairtí seo a leanas agus déan cibé athrú is gá.

1. An rud a théann i (fada), téann sé i (fuar).
2. Is ionadh liom a (soiléir) agus a (breá) a labhair an léachtóir nua.
3. Níl sí sásta fos, dá (saibhir) agus dá (cumachtach) í.
4. Is i (geal) agus i (deas) atá an lá ag dul.
5. Ní féidir linn na tionscnaimh a thabhairt isteach roimh an 1ú Aibreán ar a (déanach) nó an 18ú Márta ar a (luath).
6. Dá (ard) an sliabh, is amhlaidh is (fuar) an t-aer.
7. Dá (fada) a mhairimid, is ea is (mór) a fhoghlaimímid.
8. Dá (furas) an ceacht, is ea is amhlaidh is (luath) a dhéanfar é.
9. B'eagal liom (domhain) na habhann.
10. Dá (amaideach) an scéal grinn, is ea is (beag) a thaitníonn sé liom.

Aonad 21: An Aidiacht sa Tuiseal Ginideach

21.1 Réamhrá

21.1.1 Déantar an aidiacht a dhíochlaonadh de réir inscne, thuiseal agus uimhir an ainmfhocail a leanann sí. Ní dhíochlaontar in aon chás eile í.

21.1.2 Bíonn an fhoirm chéanna sna tuisil uilig san Uimhir Iolra ag aidiacht a cháilíonn ainmfhocal a bhfuil tréaniolra aige:

Ainmneach	na cailíní óga
Gairmeach	a chailíní óga
Ginideach	cótaí na gcailíní óga
Tabharthach	leis na cailíní óga

21.1.3 Nuair a bhíonn lagiolra ag ainmfhocal, bíonn an fhoirm chéanna ag na tuisil uilig seachas an Ginideach [agus an Tuiseal Gairmeach sa Chéad Díochlaonadh] Sa chás sin bíonn an fhoirm chéanna ag an ainmfhocal sa Tuiseal Ginideach Iolra is a bhí aige sa Tuiseal Ainmneach Uatha:

Ainmneach	na fir óga
Gairmeach	a fheara óga
Ginideach	cótaí na bhfear óg
Tabharthach	leis na fir óga

21.1.4 Nuair a chríochnaíonn ainmfhocal san Uimhir Iolra ar chonsan caol, séimhítear an aidiacht a thagann ina dhiaidh:

na fir mhóra	ag na fir mhóra
na crainn ghlasa	ar na crainn ghlasa
na capaill bhána	leis na capaill bhána

na leabhair mhaithe   sna leabhair mhaithe

Má chríochnaíonn an t-ainmfhocal ar ghuta san Uimhir Iolra áfach, ní shéimhítear an aidiacht a thagann ina dhiaidh:

na tránna deasa   ar na tránna deasa
na craobhacha fada   ar na craobhacha fada
na fuinneoga beaga   ag na fuinneoga beaga
na tithe móra   faoi na tithe móra
na cleachtaí casta   leis na cleachtaí casta

21.2   An Chéad Díochlaonadh den Aidiacht

21.2.1 Baineann na haidiachtaí seo a leanas leis an díochlaonadh seo:

(i)   aidiachtaí a chríochnaíonn ar chonsan leathan,

(ii) aidiachtaí a chríochnaíonn ar chonsan caol, ach amháin aidiachtaí a chríochnaíonn ar *–úil* agus cúpla ceann ar *–ir*.

Sampla (i) Aidiachtaí a chríochnaíonn ar chonsan leathan: *mór*

UATHA

Tuiseal	Firinscneach	Baininscneach
Ainmneach	an fear mór	an bhróg mhór
Ginideach	cóta an fhir mhóir	sál na bróige móire
Tabharthach	ag an bhfear mór	ar an mbróg mhór

IOLRA

Ainm.	na fir mhóra	na bróga móra
Gin.	cótaí na bhfear mór	sála na mbróg mór
Tabh.	ag na fir mhóra	ar na bróga móra

Sampla eile de (i): Aidiachtaí a chríochnaíonn ar chonsan leathan, ar
–ach agus ar –each sna cásanna seo

UATHA

Tuis.	Firinscneach	Baininscneach
Ainm.	an bóthar gnóthach	an chlann uaigneach
Gin.	fad an bhóthair ghnóthaigh	ainm na clainne uaigní
Tabh.	ar an mbóthar gnóthach	leis an gclann uaigneach

IOLRA

Ainm.	na bóithre gnóthacha	na clanna uaigneacha
Gin.	fad na mbóithre gnóthacha	ainmneacha na gclann uaigneach
Tabh.	ar na bóithre gnóthacha	leis na clanna uaigneacha

Sampla (ii) Aidiachtaí a chríochnaíonn ar chonsan caol: *maith* agus
ciúin

UATHA

Tuis.	Firinscneach	Baininscneach
Ainm.	an fear maith	an chlann chiúin
Gin.	clú an fhir mhaith	ainm na clainne ciúine
Tabh.	leis an bhfear maith	leis an gclann chiúin

IOLRA

Ainm.	na fir mhaithe	na clanna ciúine
Gin.	clú na bhfear maith	ainmneacha na gclann chiúin
Tabh.	leis na fir mhaithe	leis na clanna ciúine

21.3 An Dara Díochlaonadh den Aidiacht

21.3.1 Sa díochlaonadh seo tá

(i) aidiachtaí a chríochnaíonn ar –*úil*
(ii) grúpa beag aidiachtaí a chríochnaíonn ar –*ir*

Sampla (i) Aidiachtaí a chríochnaíonn ar -*úil*

UATHA

Tuis.	*Firinscneach*	*Baininscneach*
Ainm.	an fear misniúil	an bhanaltra mhisniúil
Gin.	cóta an fh*i*r mhisniúil	hata na banaltra misniúla
Tabh.	ag an bhfear misniúil	leis an mbanaltra mhisniúil

IOLRA

Ainm.	na f*i*r mhisniúla	na banaltraí misniúla
Gin.	cótaí na bhfear misniúil	hataí na mbanaltraí misniúla
Tabh.	ag na fir mhisniúla	leis na banaltraí misniúla

Sampla (ii) Aidiachtaí a chríochnaíonn ar –*ir*

UATHA

Tuis.	*Firinscneach*	*Baininscneach*
Ainm.	an fear cóir	an bhanaltra chóir
Gin.	cóta an fhir chóir	hata na banaltra córa
Tabh.	ag an bhfear cóir	leis an mbanaltra chóir

IOLRA

Ainm.	na fir chóra	na banaltraí córa
Gin.	cótaí na bhfear cóir	hataí na mbanaltraí córa
Tabh.	ag an bhfear cóir	leis na banaltraí córa

21.4   An Tríú Díochlaonadh den Aidiacht

21.4.1   Sa díochlaonadh seo tá

(i)   na haidiachtaí uile a chríochnaíonn ar ghuta le fáil.
Ní thagann athrú ar bith ar dheireadh na n-aidiachtaí seo.*

Sampla 1:   Aidiachtaí a chríochnaíonn ar ghuta

UATHA

Tuiseal	*Firinscneach*	*Baininscneach*
Ainmneach	an fear crua	an bhanaltra rua
Ginideach	cóta an fhir chrua	hata na banaltra rua
Tabharthach	ag an bhfear crua	leis an mbanaltra rua

IOLRA

Ainmneach	na fir chrua	na banaltraí rua
Ginideach	cótaí na bhfear crua	hataí na mbanaltraí rua
Tabharthach	ag na fir chrua	leis na banaltraí rua

*Tá dhá aidiacht atá neamhrialta sa díochlaonadh seo agus tagann athrú orthu san uimhir iolra; *te* agus *breá* atá i gceist.

UATHA	IOLRA
teach breá	tithe bre*átha*
fear breá	fir b*h*re*átha*
bean b*h*reá	mná bre*átha*
máthair b*h*reá	máithreacha bre*átha*
lá te	laethanta te*o*
gaoth t*h*e	gaotha te*o*

Tagairtí:
CO: lgh 25-30
GG: lgh 68-71
GGBC: §§11.11-11.22
GI: lgh 32-37
NGBC: lgh 106-7, 110-111, 116-7
NIG: lgh 61-8; RG: lgh 92-9; ÚG[L]: Aonad 28

Ceacht 21.1

Athscríobh an píosa seo a leanas agus déan cibé athrú is gá ar na focail idir lúibíní.

Bhí seanfhear ina chónaí i (teach beag) ar thaobh (an bealach mór) ceithre mhíle ó imeall (an chathair bheag) seo. Bhí cúpla acra (talamh) aige in aice (an teach). Fuair sé litir maidin amháin ó (iníon a mac) i mBaile (Áth Luan) thiar ag iarraidh air teacht chun cónaí leo. Dhíol sé an teach agus an talamh le mac (fear gnó) agus d'imigh sé leis siar.

Ceacht 21.2

Bain na lúibíní de na focail sna frásaí seo a leanas agus déan pé athrú is gá.

1. D'fhág siad geata (an pháirc bheag) ar oscailt.
2. Tá sé ar muin (an mhuc) ó d'aistrigh sé go lár (an tír deas) seo.
3. Closim go n-ardófaí praghas (an páipéar laethúil) go luath.
4. A (páistí beaga), (bí) ciúin le (do thoil).
5. Is maith le leanaí scéal (an chearc bheag rua).
6. Shiúil an gasúr beag go barr (an sliabh ard).
7. Bhí a aghaidh ar (an : farraige : mór).
8. Thart faoi chiumhais (an : trá : mór) bhí go leor (clocha glas).
9. Téann an bhean sin amach ag rith i (tús: an : maidin) roimh éirí (an : grian : geal).
10. Rinne na mic léinn gearán i dtaobh (na : scrúdú : deacair).

Aonad 22: Ainmneacha Pearsanta agus Sloinnte Gaeilge

22.1 Ainmneacha Pearsanta sa Ghaeilge

22.1.1 An Tuiseal Ainmneach den Ainm Pearsanta

Is é sin, an ghnáthfhoirm cheart den ainm atá i gceist. m.sh.:

Tomás, Tarlach (1), Diarmaid (3), Liam (4).
Bríd, Ríonach (2), Órlaith (3), Maighréad, Eithne, Eibhlín, Nóra (4).

22.1.2 An Tuiseal Gairmeach den Ainm Pearsanta

Is é sin, an fhoirm den ainm a bhíonn ann nuair atá tú ag caint go díreach le duine. Seachas ainmneacha fear sa Chéad Díochlaonadh, bíonn foirm an Ghairmigh agus foirm an Ainmnigh mar an gcéanna. m.sh.:

Tomás – a Thomáis; Tarlach – a Tharlaigh (1).
Diarmaid – a Dhiarmaid (3); Liam, a Liam (4).

Bríd – a Bhríd (2); Órlaith - a Órlaith (3);
Maighréad – a Mhaighréad (4)

22.1.3 An Tuiseal Ginideach den Ainm Pearsanta

(a) Ainmneacha Firinscneacha
Tá formhór mór na n-ainmneacha a chríochnaíonn ar chonsan leathan sa chéad Díochlaonadh, [ach is eisceachtaí iad Liam agus Proinsias]. I gcás ainmneacha pearsanta firinscneacha atá

208

sa Chéad Díochlaonadh, bíonn foirm an Ghinidigh mar an gcéanna le foirm an Ghairmigh:

Ainmneach	Gairmeach	Ginideach
Tomás	a Thomáis	cóta Thomáis
Tarlach	a Tharlaigh	mála Tharlaigh
Peadar	a Pheadair	athair Pheadair
Deasún	a Dheasúin	teach Dheasúin

Tá grúpa fíorbheag ainmneacha firinscneacha sa Tríú Díochlaonadh. Tá formhór na n-ainmneacha a chríochnaíonn ar chonsan caol nó ar ghuta sa Cheathrú Díochlaonadh. I gcás ainmneacha pearsanta firinscneacha atá sa Tríú agus sa Cheathrú Díochlaonadh, bíonn na hathruithe seo a leanas i gceist:

Ainmneach	Gairmeach	Ginideach
3ú díochlaonadh		
Diarmaid	a Dhiarmaid	athair Dhiarmada
Críostóir	a Chríostóir	leabhair Chríostóra
4ú díochlaonadh		
Liam	a Liam	carr Liam
Proinsias	a Phroinsias	deartháireacha Phroinsias
Gearóid	a Ghearóid	seomra Ghearóid

(b) Ainmneacha Baininscneacha
I gcás ainmneacha pearsanta baininscneacha atá sa Dara Díochlaonadh, sa Tuiseal Ginideach cuirtear –e leis na hainmneacha, nó déantar –í d'ainmneacha a chríochnaíonn ar –each, agus –aí d'ainmneacha a chríochnaíonn ar -ach:

209

Ainmneach	Gairmeach	Ginideach
Bríd	a Bhríd	crosóg Bhríde
Doireann	a Dhoireann	cairde Dhoirinne
Méabh	a Mhéabh	teach Mhéibhe
Laoiseach	a Laoiseach	athair Laoisí
Ríonach	a Ríonach	deirfiúr Ríonaí
Brónach	a Bhrónach	Cill Bhrónaí

I gcás ainmneacha pearsanta baininscneacha atá sa Tríú Díochlaonadh, déantar na hathruithe seo a leanas:

Ainmneach	Gairmeach	Ginideach
Órlaith	a Órlaith	cóta Órlatha
Gormlaith	a Ghormlaith	tuismitheoirí Ghormlatha

I gcás ainmneacha pearsanta baininscneacha atá sa Cheathrú Díochlaonadh, ní dhéantar athrú ar bith orthu seachas na hathruithe tosaigh:

Ainmneach	Gairmeach	Ginideach
Siobhán	a Shiobhán	cóta Shiobhán
Cáit	a Cháit	máthair Cháit

N.B. Ní chuirtear séimhiú ar ainmneacha dár tús Mao(i)l sa Tuiseal Ginideach agus ní shéimhítear ainmneacha dílse i ndiaidh an fhocail Féile nó Naomh sa Tuiseal Ginideach, m.sh.:

Ainmneach	Gairmeach	Ginideach
Maológ	a Mhaológ	cóta Maológ
Maolmhuire	a Mhaolmhuire	scéalta Maolmhuire

Ainmneach	Ginideach
Pádraig	Lá Fhéile Pádraig, Sráid Naomh Pádraig
Bríd	Lá Fhéile Bríde, Sráid Naomh Bríd
Maoilbhríde	Sráid Maoilbhríde

22.2 Sloinnte i nGaeilge

22.2.1 Mac-Shloinnte

Athraíonn *Mac/Mag* go *Mhic/Mhig* sa Tuiseal Gairmeach agus Ginideach.

Athraíonn *Mac* go *Mhic* más ainm mná pósta atá i gceist.

Athraíonn *Mac/Mag* go *Nic/Nig*, más bean shingil atá i gceist.

Leanann séimhiú *Mhic* agus *Nic* **ach amháin** roimh *C* nó *G**

Séamas Mac Mathúna, An tUasal Séamas Mac Mathúna
Peadar Mac Dónaill, An tUasal Peadar Mac Dónaill
Liam Mag Oireachtaigh, An tUasal Liam Mag Oireachtaigh
Críostóir Mag Uidhir, An tUasal Críostóir Mag Uidhir

Máire (Bn Shéamais) Mhic Mhathúna	*v*	Sinéad Nic Mhathúna
Eibhlín (Bn Pheadair) Mhic Dhónaill	*v*	Cáit Nic Dhónaill
Úna (Bn Liam) Mhig Oireachtaigh	*v*	Siobhán Nig Oireachtaigh
Máirín (Bn) Mhic Cárthaigh	*v*	Máire Nic Cárthaigh
Bríd (Bn Chríostóra) Mhig Uidhir	*v*	Caoimhe Nig Uidhir
Caitlín (Bn) Mhic Giolla Íosa	*v*	Cáit Nic Giolla Íosa.

* Luaitear an riail seo i leabhar Mhuiris Uí Dhroighneáin [cf. lch.1], i bhFoclóir Uí Dhónaill [cf. *Nic*, lch 910] agus i mórán foinsí eile, ach tá an nós ag roinnt daoine *C* agus *G* a shéimhiú sa chás seo agus feictear an dá rud, mar sin.

22.2.2 Ó-Shloinnte

Athraíonn *Ó* go dtí *Uí* sa Tuiseal Gairmeach agus Ginideach.
Athraíonn *Ó* go dtí *Uí* más ainm mná pósta atá i gceist.

211

Athraíonn *Ó* go dtí *Ní* más bean shingil atá i gceist.
Ní leanann séimhiú *Ó*.
Leanann séimhiú *Ní* / *Uí*.
Ní chuireann *Ní* / *Uí* 'h' roimh ghuta.

Art Ó Ceallaigh	An tUasal Art Ó Ceallaigh	Méabh (Bn) Airt Uí Cheallaigh
Pól Ó Lochlainn	An tUasal Pól Ó Lochlainn	Caitríona (Bn) Phóil Uí Lochlainn
Caoimhín Ó hAirt	An tUasal Caoimhín Ó hAirt	Hata Chaoimhín Uí Airt
Ruairí Ó hUiginn	An tUasal Ruairí Ó hUiginn	Léachtaí Ruairí Uí Uiginn

22.2.3   de-Shloinnte
Ní athraíonn de-Shloinnte in am ar bith.

Séamas de Búrca;   Bn Shéamais de Búrca
Máire de Bhál;   Fear Mháire de Bhál

22.2.4   Sloinnte Aidiachtacha
Feidhmíonn siad mar ghnáth-aidiacht. Bíonn an sloinne firinscneach nó baininscneach ag brath ar an ainm baiste. Athraíonn sloinne firinscneach ón fhoirm *-ach* / *-each* go dtí *-aigh* / *-igh*. Ní athraíonn sloinne baininscneach.

Colm Breatnach   cóta Choilm Bhreatnaigh
Máire Bhreatnach   teach Mháire Bhreatnach
Tomás Caomhánach oifig _____?
Úna Chaomhánach   leabhar _____?

22.2.5   Sloinnte Sean-Ghall
Sloinnte a Gaelaíodh: m.sh. *Mac Gearailt, Mac Síomóin*.
Sloinnte dar tús de: *de Brún, de Buitléir*.
Sloinnte aonfhoclacha nach sloinnte aidiachtacha iad: *Ruiséil*,

Baróid, Condún.

22.2.6 Sloinnte Nua-Ghall
Sloinnte ar nós *Lipton, Page, Lemass, Dickens.*

23. 3 Teidil Ómóis
22.3.1 An tAlt agus Teidil
Úsáidtear an t-alt (*an*) roimh theidil daoine de ghnáth sa Ghaeilge:

an tAthair Ó Murchú	an tSiúr Córa Ní Raghallaigh
an Bráthair Ó Súilleabháin	an tEaspag Mac Uaid
an tUachtarán Clinton	an tAire Oideachais & Eolaíochta
an Teachta Éamonn Ó Cuív	an Dochtúir Máire Ní Eochaidh
an Pápa Eoin Pól II	

22.3.2 An Teideal & Tuiseal Ginideach an Ainm
Mura mbíonn ann ach an teideal agus an sloinne, bíonn an dá fhocal ar aon tuiseal:

Seo é an tAthair Ó Murchú anois!
Tá fáilte romhat, a Athair Uí Mhurchú.
Sin teach an Athar Uí Mhurchú thall ansin.
Bhí timpiste gluaisteáin ag an Athair Ó Murchú.

An bhfuil an Dochtúir Ní Cheallaigh anseo go fóill?
Sin anois í. Conas atá tú, a Dhochtúir Ní Cheallaigh?
Tá mála an Dochtúra Ní Cheallaigh ar an urlár.
Níl aon mhála ag an Dochtúir Ní Cheallaigh.

Má bhíonn an teideal roimh ainm pearsanta [+ sloinne] an duine, cuirtear an teideal sa Tuiseal Ginideach, ach ní chuirtear an t-ainm dílis nó an sloinne sa Ghinideach:

213

Tá an Bráthair Tomás [Mac Domhnaill] anseo le blianta.
Fáilte isteach, a Bhráthair Tomás [Mac Domhnaill].
Carr an Bhráthar Tomás [Mac Domhnaill].
Tá post nua ag an mBráthair Tomás [Mac Domhnaill].

Cleachtaí
an tAthair Pádraig Ó Fiannachta
cóta _____

an tEaspag Ó hÉigeartaigh
teach _____

an Dochtúir Mac Domhnaill
carr _____

an Dochtúir Máire Ní Loingsigh
obair _____

an tUachtarán Máire Mhic Giolla Íosa
tiománaí _____

Tagairtí:
SGA: lgh 1-8, 91-101
GGBC: §§4.18; 8.17,31; 9.35
MLDL: lgh 32-7

Ceacht 22.1
Athscríobh na hainmneacha seo a leanas gan na lúibíní.
Samplaí:

Séamas Ó Tuathail	carr Shéamais Uí Thuathail
Treasa de Búrca	teach Threasa de Búrca

1. post (Gearóid Ó Brosnacháin)
2. filíocht (Seán Ó Ríordáin)
3. alt (Íte Ní Chionnaoith)
4. cúrsa (Eoghan Ó Súilleabháin)
5. dráma (Máiréad Ní Ghráda)
6. comhlacht (Mícheál Ó Marcaigh)
7. bád (Dónall Ó Síthigh)
8. stíl (Séamas Mag Shamhráin)
9. seoladh (Stiofán Mac Conmara)
10. seomra (Deirdre Ní Cheallaigh)
11. post (Bairbre de Brún)
12. tuairimí (Cathal Ó Searcaigh)
13. páistí (Bairbre Uí Uiginn)
14. foclóir (Tomás de Bhaldraithe)
15. filíocht (Máire Mhac an tSaoi)
16. oifig (Pól Ruiséal)
17. rang (Róise Nic Giolla Bhríde)
18. saothar (Máire Ní Aogáin)
19. filíocht (Donnchadh Mór Ó Dálaigh)
20. scoil (Seoirse Daltún)
21. cáil (Eoghan Rua Mac an Bhaird)
22. páirtí (Donncha Mag Fhionnlaoich)
23. clár (Deirdre Ní Chéilleachair)
24. foclóir (Niall Ó Dónaill)
25. gairdín (Síle Nic Cába)
26. oifig (an tArdeaspag Deasún Ó Conaill)
27. tiománaí (an Taoiseach Máire Uí Ruairc)
28. leabhair (an Bráthair Ó Súilleabháin)
29. eitleán (an tUachtarán Liam Cliontún)
30. carr (an tAthair Seosamh Ó Murchú)

Aonad 23:   Logainmneacha

Tagann formhór na logainmneacha atá againn in Éirinn an lae inniu ó sheanainmneacha Gaeilge. Uaireanta ní bhíonn ann ach focal amháin (m.sh. Aontroim). Amanna eile feictear dhá fhocal sa logainm (m.sh. Baile Chathail). Arís eile feictear logainmneacha a bhfuil trí cinn nó níos mó d'fhocail iontu (m.sh. Baile Átha Cliath, Béal an Átha Mhóir). Tugtar mír ar gach focal atá le fáil i logainm, agus bíonn ciall faoi leith ag gach mír. Tá cuid de na míreanna is coitianta liostaithe thíos.

23.1	**Míreanna a chiallaíonn talamh atá bog agus fliuch**
Bogach	Taobh an Bhogaigh, Doire.
Corcach	Corcaigh; Páirc Chorcaigh, Cluain Dolcáin.
Móinteach/	Móinteach Mhílic
Muirleach	
Riasc	Cill Réisc
Imleach	Talamh fliuch cois locha. Imleach Droighneach, Co. Luimnigh.
Muireasc	Talamh fliuch cois farraige. Muirisc, Co Mhaigh Eo.
Leitir	Taobh cnoic [fliuch]. Leitir Ceanainn, Co Dhún na nGall.

23.2	**Míreanna a bhfuil cineálacha páirceanna/talaimh i gceist leo**
Achadh	Cineál páirce. Achadh an Iúir, Co an Chabháin.
Buaile	Páirc ina mbíodh daoine ag crú bó. Bóthar na Buaile, Droim Conrach.
Ceapach	Páirc atá réidh do churadóireacht. Ceapach Choinn.
Cluain	Páirc ina mbíodh féar saibhir ag fás. Cluain Eois, Co Mhuineacháin.
Droim	Talamh fada íseal nó iomaire atá i gceist. Droim Seanbhó, Co Liatroma.

Fearann	Branar nó talamh réidh do churadóireacht.
	Fearann Fuar, Co Chiarraí.
Gleann	Talamh íseal idir dhá ardphointe.
	Gleann na gCaorach, BÁC.
Gort	Páirc ina mbíodh barraí ag fás. Goirtín,
	Co. Thír Eoghain.
Machaire	Talamh atá mín agus réidh.
	Machaire Rátha, Co Dhoire.
Maigh	Arís, talamh atá mín agus réidh.
	Maigh Nuad, Co Chill Dara.
Tuar	Páirc ina mbíodh daoine ag triomú éadaí.
	Tuar Mór, Co Chorcaí.

23.3 Míreanna a bhfuil baint acu le huisce

Áth	Áit a bhféadfadh daoine abhainn a thrasnú.
	Béal an Átha, Co Mhaigh Eo.
Abhainn/	Sruth nádúrtha uisce a ritheann i dtreo na farraige.
Abha	Abhainn Bheag, Co Shligigh.
Cora	Damba nó ciseach cloch trasna abhann.
	Cora Finne, Co an Chláir.
Eas	Áit a mbíodh uisce ina shruth síos taobh cnoic.
	Béal Easa, Co Mhaigh Eo.
Inbhear	Béal na habhann.
	An tInbhear Mór, Co Chill Mhantáin.
Inis	Oileán. Inis Meáin, Co na Gaillimhe.
Leithinis	Leathoileán, nó píosa talaimh a bhfuil uisce ar thrí
	thaobh de. Leithinis, Co an Chláir
Ros	Ainm eile ar leithinis. Ros Muc, Co na Gaillimhe.
Tobar	Áit a mbíodh fíoruisce ar fáil. Tobar Mór, Co Dhoire.

23.4 Míreanna a bhfuil baint acu le crainn nó plandaí

Dair/Dara/	Crann darach. Cill Dara.
Darach	

Doire	Coill ina bhfuil crainn darach ag fás.
	Doire Loinn, Co Fhear Manach.
Eo/Iúr	Crann a mbíonn duilliúr síorghlas air. Maigh Eo.
	Tír an Iúir, BÁC.
Giúis	Crann ard tanaí a mbíonn duilliúr síorghlas air.
	Teach na Giúise, BÁC.
Muine	Sceach de shaghas éigin, m.sh. muine droighin.
	Muine Bheag, Co Cheatharlach.

23.5 **Míreanna a bhfuil baint acu le nithe eaglasta**

Cealtrach	Seanreilig. Cealtrach, Co Fhear Manach.
Cill	Séipéal beag. Cill Dhéagláin, Co na Mí.
Díseart	Áit uaigneach a mbíodh manach ina chónaí.
	Díseart Diarmada, Co Chill Dara.
Domhnach	Séipéal. Domhnach Maighean, Co Mhuineacháin.
Eaglais	Séipéal. Eaglais, Co Thír Eoghain.
Earagail	Séipilín beag. Earagail Do Chiaróg, Co Thír Eoghain.
Tamhlacht	Reilig do dhaoine a fuair bás le linn gorta.
	Tamhlacht, BÁC.
Teampall	Eaglais nó séipéal atá i gceist leis seo. Teampall na Carraige, Co Chorcaigh.

23.6 **Míreanna a bhfuil baint acu le cineálacha áiteanna cónaithe**

Caiseal	Balla cloiche [thart ar shéipéal].
	Caiseal Mór, Co Dhún na nGall.
Caisleán	Áit dhaingean a mbíodh daoine ina gcónaí ann.
	An Caisleán Nua.
Cathair	Áit dhaingean a mbíodh taoiseach agus a lucht leanúna ina gcónaí ann. Cathair Dhónaill, Co Chiarraí.
Daingean	Áit láidir, shábháilte ina mbíodh daoine ina gcónaí.
	Daingean, Co Uíbh Fháilí.
Dún	Áit chónaithe atá láidir agus sábháilte.

	Dún Beag, Co an Chláir.
Lios	Clós a mbíodh balla thart air.
	Lios Mór, Co Phort Láirge.
Ráth	Clós a mbíodh daoine ina gcónaí ann agus balla thart air. Ráth Garbh, BÁC.

23.7   **Míreanna a bhfuil baint acu le carraigeacha agus clocha**

Carraig	Cloch mhór.
	Carraig an tSionnaigh, Co Bhaile Átha Cliath
Cloch	Carraig mhór nó, uaireanta, dún déanta as clocha a bhí i gceist. Cloch Mór, Co an Dúin.
Cloichín	Áit a bhfuil clocha beaga ann.
	Cloichín, Co Thiobraid Árann.
Sceirí	Trá ar a bhfuil clocha agus cloichíní. Sceirí, BÁC.
Tor	Áit a bhfuil carraigeacha móra ann.
	Oileán Toraí, Co Dhún na nGall.

23.8   **Míreanna a bhfuil baint acu le sléibhte agus cnoic**

Ard	Talamh atá thuas ar phointe ard.
	Ard an Rátha, Co Dhún na nGall.
Beann/Binn	Barr sléibhe nó cnoic. Beann Bó, Co Liatroma.
	Binn Éadair, BÁC
Cnoc	Sliabh. Cnoc na gCaiseal, Co Chiarraí.
Sliabh	Cnoc mór. Sliabh na mBan, Co Thiobraid Árann.

23.9   **Athruithe ar Logainmneacha**

22.9.1   Is minic a thagann athruithe éagsúla ar litriú logainmneacha. Tarlaíonn sé seo ar chúiseanna éagsúla. Cuirtear séimhiú nó urú ar logainmneacha tar éis réamhfhocal simplí áirithe, mar shampla.

Tá mé i mo chónaí i mBaile Átha Luain.

219

Níl eolas ar bith agam ar Dhoire.

23.9.2 Is féidir le hathruithe móra teacht ar litriú an logainm má tá an Tuiseal Ginideach i gceist. Tá rialacha éagsúla a bhaineann leis na hathruithe seo agus féachfaimid anseo orthu anois. Níl anseo ach treoracha ginearálta toisc go bhfuil ceist na logainmneacha casta go leor agus ní i gcónaí a leanann logainmneacha an córas a mbeimis ag súil leis.

(a) **Logainmneacha aonmhíre**
Mura bhfuil ach mír amháin i logainm, (Sligeach, Liatroim, an Cabhán, Goirtín, an Chúlóg, mar shampla) feidhmíonn sé mar ghnáthainmfhocal agus má thagann ainmfhocal eile roimpi, caithfidh sí dul isteach sa Tuiseal Ginideach. Go hiondúil, leanann an mhír atá i gceist na gnáthrialacha a bhaineann le hainmfhocal atá firinscneach nó baininscneach agus baineann sí le ceann de na díochlaontaí.

An Cabhán (1f)   muintir an Chabháin
An Chúlóg (2b)   muintir na Cúlóige
Liatroim (3)   muintir Liatroma
Doire (4)   muintir Dhoire

Mar sin, nuair atá logainm aonmhíre a gceist, cuirtear séimhiú ar a thús agus cuirtear athrú deiridh i bhfeidhm ag brath ar an díochlaonadh ina bhfuil an logainm féin.

(b) **Logainmneacha ilmhíre**
Le logainmneacha a bhfuil dhá mhír nó níos mó iontu, tá an scéal i bhfad níos fusa. Ní gá dúinn bheith buartha faoi athruithe de réir an Tuisil Ghinidigh, ach tá an séimhiú fós le scríobh ar thús na chéad mhíre, más féidir an túslitir a shéimhiú.

Baile an Mhóta	muintir Bhaile an Mhóta
Dún na nGall	foireann Dhún na nGall
Cill Dara	Currach Chill Dara
Baile Átha Cliath	cathair Bhaile Átha Cliath
Béal Átha na Slua	ceantar Bhéal Átha na Slua
Cora Droma Rúisc	muintir Chora Droma Rúisc

Má tá an t-alt ag tús an logainm ilmhíre, áfach, tá athruithe an Ghinidigh le cur i bhfeidhm. Caithfimid eolas a bheith againn ar inscne agus dhíochlaonadh an logainm. Feidhmíonn sé mar ainmfhocal a bhfuil aidiacht leis de ghnáth (cf. Aonad 21).

an Baile (4f) Beag	muintir an Bhaile Bh*i*g
an Charraig (2b) Dhubh	muintir na Carraig*e* Duibh*e*

Tagairtí:
GGBC: §§4.18, 23; 7.6-7.7; 10.5
MLDL: lgh 79-89
ÚG[L]: §§34.1-34.6

Ceacht 23.1
Roghnaigh deich logainm a bhaineann le do cheantair dúchais ina bhfuil cuid de na míreanna in 23.1-8 thuas le fáil. Scríobh amach i do leabhar nótaí iad agus tabhair míniú orthu i nGaeilge.

Ceacht 23.2
Cuir an focal *muintir* roimh na logainmneacha seo a leanas.

1. Aontroim
2. An Nás
3. An Uaimh
4. Doire

5. Tamhlacht
6. Eochaill
7. An Cnoc
8. Corcaigh
9. Luimneach
10. Ciarraí
11. Caonach
12. An Dún
13. Sligeach
14. Ceatharlach
15. An Iarmhí
16. An Clár
17. An Longfort
18. Laois
19. An Mhí
20. An Ghaillimh

Ceacht 23.3

Cuir an focal *muintir* roimh na logainmneacha seo a leanas.

1. Cluain Aodha
2. Muileann na Cloiche
3. Caisleán na Deirge
4. Cill Droichid
5. Gleann Tóchair
6. Cinn Mhara
7. Lios na Sceithe
8. Maigh Nuad
9. Teampall na Cille
10. Tulach Mhór

Aonad 24:   Béim agus Treisiú

Tá difríocht mhór idir an Ghaeilge agus an Béarla maidir le béim a chur ar fhocal/fhocail san abairt. Ní gnách sa Ghaeilge an guth a úsáid chun béim a chur ar rud éigin mar a dhéantar sa Bhéarla. Sa Ghaeilge baintear úsáid as iarmhíreanna treise nó as focal a chur go tús na habairte chun béim a chur air. Féach ar na bealaí éagsúla atá ann le béim a chur ar fhocal nó ar fhrása san abairt i nGaeilge.

24.1   Iarmhíreanna Treise

24.1.1   Úsáidtear iarmhír leis na forainmneacha pearsanta chun béim a chur orthu. De ghnáth, nuair a bhíonn dhá fhorainm á gceangal le chéile, tugtar tús áite don chéad phearsa.

Forainm	Forainm le Treise
mé	mise
tú	tusa
sé	seisean
sí	sise
sinn/muid	sinne/muidne
sibh	sibhse
siad	siadsan
é	eisean
í	ise
iad	iadsan

(a)   Bhí mise agus Pádraig ann ach bhíomar mall.

(b)   Ní mise ná tusa a thosaigh na ráflaí.

(c)   Chuaigh mise agus mo mháthair chuige an lá dar gcionn.

24.1.2 Úsáidtear iarmhír leis na forainmneacha réamhfhoclacha chun béim a chur orthu freisin. Má chríochnaíonn an forainm réamhfhoclach ar chonsan leathan beidh iarmhír leathan ag a dheireadh, ach má chríochnaíonn an forainm réamhfhoclach ar chonsan caol, beidh an iarmhír féin caol freisin. Féach ar na liostaí thíos. Tabharfar faoi deara nach bhfuil aon cheann de na forainmneacha réamhfhoclacha sa chéad phearsa uatha caol agus níl aon cheann sa chéad agus sa dara pearsa iolra leathan.

UIMHIR UATHA

Pearsa	Iarmhír Leathan	Iarmhír Chaol
1	-sa	
2	-sa	-se
3 fir.	-san	-sean
3 bain.		-se

UIMHIR IOLRA

1		-e
2		-se
3	-san	-sean

Samplaí

ag: agamsa, agatsa, aigesean, aicise, againne, agaibhse, acusan
do: domsa, duitse, dósan, dise, dúinne, daoibhse, dóibhsean

24.1.3 Úsáidtear iarmhíreanna treise leis an ainmfhocal a leanann an aidiacht shealbhach má táthar ag iarraidh béim a chur air. Arís, má chríochnaíonn an t-ainmfhocal ar chonsan leathan, is iarmhír leathan a chuirtear leis. Má chríochnaíonn an t-ainmfhocal ar chonsan caol, is ar iarmhír chaol a chríochnaíonn sé.

UIMHIR UATHA

Pearsa	Iarmhír Leathan	Iarmhír Chaol
1	*-sa*	*-se*
2	*-sa*	*-se*
3 fir.	*-san*	*-sean*
3 bain.	*-san*	*-sean*

UIMHIR IOLRA

1	*-na*	*-ne*
2	*-sa*	*-se*
3	*-san*	*-sean*

Samplaí

UIMHIR UATHA

	teach	tír
mo	theachsa	thírse
do	theachsa	thírse
a (fir.)	theachsan	thírsean
a (bain.)	teachsan	tírsean

UIMHIR IOLRA

ár	dteachna	dtírne
bhur	dteachsa	dtírse
a	dteachsan	dtírsean

24.1.4 Má luaitear ainmfhocal a thagann go luath san abairt níos déanaí san abairt arís, is iondúil a úsáidtear an focal *ceann* (uatha) agus *cuid* (iolra) chun béim a chur air. *Ceannsa* agus *cuidse* na foirmeacha treise atá i gceist i gcás mar seo. Féach ar na samplaí seo a leanas.

225

Tá mo mhála iontach trom. Cad é faoi do cheannsa? Sílim go bhfuil na leabhair uile sa mhála anois ach amháin bhur gcuidse.

24.1.5 Tá briathra áirithe a bhfuil foirmeacha táite acu agus is féidir iarmhíreanna treise a chur leo chun béim a tharraingt orthu. Is é atá i gceist le foirm tháite den bhriathar an fhoirm sin a bhfuil an forainm ceangailte leis an mbriathar féin. Mar shampla, *táim* in áit *tá mé*; *cheannófá* in ionad *cheannódh tú* nó *chuamar* in ionad *chuaigh muid*. Tugtar na leaganacha éagsúla anseo thíos.

Pearsa	Leathan	Caol
1(uatha)	-sa	-se
1 (iolra)	-na	-ne
3 (iolra)	-san	-sean

Samplaí
Aimsir Chaite
a) Bhíos-*sa* ann ar dtús ach d'imigh mé go luath.
b) Chuamar*na* abhaile roimh dheireadh na ceolchoime.
c) D'imíodar*san* nuair a bhí na hóráidí ar fad thart.
Aimsir Láithreach
a) Ceannaím*se* bláthanna do mo bhean ar a lá breithe i gcónaí.
b) Bailímid*ne* na páistí ón scoil ar a trí a chlog gach lá.
Aimsir Fháistineach
a) Beimid*ne* críochnaithe sula mbeidh sibhse anseo ar chor ar bith.
b) Ólfaimid*ne* bhur sláinte!
c) Íosfaimid*ne* an méid atá fágtha mura bhfuil fonn ar dhuine ar bith eile é a ithe.

Modh Coinníollach
a) Cheannóinn*se* carr nua dá mbuafainn an crannchur.
b) Cad a déarfá*sa* faoin bplean sin?
c) An ndéanfaimis*ne* an rud céanna dá mbeimisne sa chás céanna?
d) Rachaidís-*sean* go críocha an domhain chun airgead a shaothrú.

24.2 Na Dobhriathra Treise *Féin*, agus *Seo/Sin/Siúd*
24.2.1 Seachas na hiarmhíreanna treise a luaitear in 24.1.1 thuas, tá dhá fhoirm threise thábhachtacha eile ag na forainmneacha pearsanta. Úsáidtear *féin* nó *seo / sin / siúd* go minic le béim a chur i bhfeidhm san abairt.

24.2.2 Is féidir an focal *féin* a úsáid ar bhealaí éagsúla chun béim a chur ar rud / dhuine éigin.

(a) leis na forainmneacha pearsanta
mé *féin* agus Síle; tú *féin* agus do chuid ráiméise; í *féin* agus a cuid cairde.
Dún an doras, a Bhríd. Dún *féin* é, tá tú díreach in aice leis!

(b) le hainmfhocail
Bhí an tUachtarán féin i láthair ar an ócáid.

Tá dhá chiall leis seo:
The President him / herself was present
agus
Even the President was present.

Leis an débhrí a sheachaint, is féidir forainm a chur roimh an bhfocal *féin*:

227

Bhí an tUachtarán í féin i láthair.
[*The President herself was present.*]
   seachas
Bhí an tUachtarán féin i láthair.
[*Even the President was present.*]

24.2.3   Is féidir na focail *seo*, *sin* nó *siúd* a úsáid chun béim a chur ar rud éigin san abairt. Ní féidir na focail seo a úsáid ach leis an tríú pearsa uatha nó an tríú pearsa iolra. Féach ar na samplaí seo thíos.

an fear *seo*; tabhair dom an peann *sin*; fan amach uathu *siúd*; ól *seo*

24.2.4   Chun béim ar chur ar rud éigin nuair atá seilbh nó úinéireacht i gceist, nó má tá gaol le cur in iúl, is minic a úsáidtear an focal *seo* leis na forainmneacha réamhfhoclacha *agam*, *agat*, *aige*, *aici*, *againn*, *agaibh*, *acu*. Is minic a deirtear agus a scríobhtar *s'* roimh an bhforainm réamhfhoclach in ionad *seo* a rá nó a scríobh. Féach ar na samplaí seo thíos:

Sin an leabhar *s'agamsa*.
Cá bhfuil an carr *s'agatsa*?
Cá bhfuil na nótaí *s'aigesean*?
Abair liom cá bhfuil an deasc *s'aicise*.
Sin an seomra *s'againne*.
Sin an cás *s'agaibhse*.
Sin an job *s'acusan*.
Sin Máire bheag *s'againne*.
An baile *s'againne*.

Is ceart 'an leabhar' (mar shampla) *s'agamsa*, *s'agatsa* … a scríobh ach is minic a fhágtar an tAlt (*an*) ar lár sa chaint agus a chloistear 'leabhar s'aicise', mar shampla.

24.3 Treisiú Briathra

24.3.1 Tá dhá phríomhbhealach le briathra a threisiú sa Ghaeilge. Is féidir:

(a) frásaí áirithe [m.sh. Is amhlaidh, Is é an chaoi], a chur rompu agus úsáid a bhaint as Clásal Coibhneasta,
nó

(b) ainm briathartha a dhéanamh den bhriathar atá san abairt agus úsáid a bhaint as an mbriathar *déan* chomh maith agus é i gClásal Coibhneasta.

Samplaí

(a) Tá sí ina múinteoir le mí.
Is amhlaidh atá sí ina múinteoir le mí.
D'fhág sé ar fad iad.
Is é an chaoi ar fhág sé ar fad iad.

(b) Thit siad anuas den bhalla.
Titim anuas den bhalla a rinne siad.
Dhíol sí a carr.
A carr a dhíol a rinne sí.
Rachaidh sí go Meiriceá.
Dul go Meiriceá a dhéanfaidh sí.
Oibríonn sé mar dhochtúir.
Obair mar dhochtúir a dhéanann sé.

24.3.2 Chun béim a chur ar fhocail nó ar fhrásaí in abairt, is féidir cleasanna éagsúla a úsáid mar a léirítear thíos anseo.

(a) Is féidir ord na bhfocal san abairt a athrú agus an focal / na focail ar a bhfuil an bhéim le cur a thabhairt chun tosaigh san abairt.

Gan bhéim: Níor chuala mé iomrá ar bith air riamh.

Ní shábhálann sí siúd pingin rua.

Insíonn siad siúd bréaga ar fad.

Le béim: *Iomrá ar bith* níor chuala mé riamh air.

Pingin rua ní shábhálann sí.

Bréaga ar fad a insíonn siad siúd.

(b) Is féidir úsáid a bhaint as an gCopail (*Is* / *Ba*) chun aird a tharraingt ar an rud ar a bhfuil an bhéim le cur.

Gan bhéim
agus *Le béim*:

Déanann m'athair i gcónaí é.
(Is é) m'athair a dhéanann i gcónaí é.

Ní dhearna Seán é.
Ní hé Seán a rinne é.

Tá an ceart acu an t-am seo.
Is acu atá an ceart an t-am seo.

Níl an locht ormsa!
Ní ormsa atá an locht.

An bhfuil siad ag magadh fúinn?
An ag magadh fúinn atá siad?

Is féidir béim a chur ar eilimintí éagsúla san abairt trí úsáid na Copaile. Féach ar na féidearthachtaí seo a leanas.

Chuaigh Eilís go Doire ar an traein inné lena haintín a fheiceáil.
[Gan bhéim ar aon chuid ar leith.]

Is í Éilís a chuaigh go Doire ar an traein.
[Béim ar an duine a chuaigh.]
Is go Doire ar an traein a chuaigh Éilís.
[Béim ar an gceann scríbe.]
Is ar an traein a chuaigh Éilís go Doire.
[Béim ar an modh taistil.]
Is inné a chuaigh Éilís go Doire ar an traein.
[Béim ar an am.]
Is lena haintín a fheiceáil a chuaigh Éilís   ar   an   traein   go Doire.
[Béim ar sprioc an turais.]

24.3.3   Má tá an Chopail féin in úsáid san abairt, is féidir í a iompú droim ar ais agus na foirmeacha *is ea* nó *ba ea* a úsáid chun an bhéim a chur i bhfeidhm.

Is príomhoide í.	*Príomhoide* is ea í.
Ba pheileadóir iontach é.	*Peileadóir iontach* ba ea é.
An tae nó caife é sin agat?	*Caife* is ea é.
Ba mhúinteoir a bhean chéile.	*Múinteoir* ba ea a bhean chéile.

24.3.4   Nuair a úsáidtear an briathar *bí* in abairtí aicme, is féidir béim a chur i bhfeidhm orthu trí ord na bhfocal a athrú agus an forainm réamhfhoclach oiriúnach de *i* a úsáid.
Féach ar na samplaí seo a leanas.

231

Gan bhéim	*Le béim*
Tá mé i mo mhúinteoir	*Múinteoir* atá ionam.
Tá tú i do cheoltóir maith.	*Ceoltóir maith* atá ionat.
Bhí sé ina chigire.	*Cigire* a bhí ann.
Beidh sí ina dochtúir.	*Dochtúir* a bheidh / bheas inti.
Bhí muid inár mic léinn.	*Mic léinn* a bhí ionainn.
Bhí sibh i bhur n-amadáin!	*Amadáin* a bhí ionaibh.
Tá siad ina n-óinseacha.	*Óinseacha* atá iontu.

Tagairtí

GGBC: §§13.33-13.44; 16.50-16.58

GI: lgh 45-6, 93

NGBC: lch 49

NIG: lch 86, §§12-13; 125,§13

RG: lgh 115, 119

ÚG[L]: Aonad 23

Ceacht 24.1

Cuir treisiú ar na focail atá sa chló iodálach thíos. Má tá níos mó na bealach amháin chun é seo a dhéanamh scríobh amach ar fad iad.

1. Chuaigh m'athair go dtí an teach tábhairne.
2. Ní thiocfaidh a gcairde i gcuidiú orthu.
3. Chuaigh Bríd go Coraigh ar a laethanta saoire.
4. Bhí sí ag caint liom.
5. Ní dheachaigh Pilib go dtí na rásaí capall.
6. Chuaigh Bríd go Coraigh ar a laethanta saoire inné.
7. Thit Brian den rothar.
8. Tháinig sé isteach tríd an gcúldoras.

9. Beidh sé ag caint lena athair.
10. Beidh sé déanamh scrúduithe go luath.

Ceacht 24.2
Cuir treisiú ar na habairtí seo a leanas.

1. Is dochtúir a bhean ach is múinteoir éisean.
2. Ghortaigh sé a chos.
3. Is léachtóirí maithe iad.
4. Rugadh i bPort Láirge í.
5. Cheannaigh sé iad.
6. Tá sí ina hóinseach cheart.

Aonad 25: Miscellanea

25.1 Úsáid na hUaschamóige

25.1.1 Úsáidimid an uaschamóg leis an mhír bhriathartha *d'-*. Is iarsma é den réimír *Do* a bhíodh le feiceáil roimh bhriathra san Aimsir Chaite fadó. Tá sé fós le cloisteáil go han-mhinic i gcanúint Chúige na Mumhan.

   *d'*ól siad, *d'*imigh sí, *d'*fhág mé, *d'*fhreagair sibh

25.1.2 Athraímid *mo* agus *do* go dtí *m'-* agus *d'-* roimh ainmfhocail a thosaíonn le guta nó le *f-* + guta ina dhiaidh: [.i. ainmfhocail a thosaíonn le *fa-* / *fá-*, *fe-* / *fé-*, *fi-* / *fí-*, *fo-* / *fó-*, nó *fu-* / *fú-*.

mo + aintín	>	*m'*aintín
mo + fáinne	>	*m'*fháinne
do + athair	>	*d'*athair
do + fiacla	>	*d'*fhiacla

25.1.3 Athraímid *de* agus *do* go dtí *d'-* roimh ainmfhocail a thosaíonn le guta nó le *f-* + guta ina dhiaidh: [.i. ainmfhocail a thosaíonn le *fa-* / *fá-*, *fe-* / *fé-*, *fi-* / *fí-*, *fo-* / *fó-*, nó *fu-* / *fú-*.

de + asal	>	*d'*asal
do + Eibhlín	>	*d'*Eibhlín
de + úll	>	*d'*úll
do + Antóin	>	*d'*Antóin
de + feoil	>	*d'*fheoil
do + Fearghal	>	*d'*Fhearghal
de + fiacail	>	*d'*fhiacail
do + Fiachra	>	*d'*Fhiachra

25.1.4 Nuair a úsáidimid Aimsir Chaite na Copaile, (*is*), athraíonn sé ó *ba* go dtí *b'-* i gcásanna áirithe nuair a thosaíonn an t-ainmfhocal ina dhiaidh le guta nó le *f-* + guta ina dhiaidh: [.i. ainmfhocail a thosaíonn le *fa-* / *fá-*, *fe-* / *fé-*, *fi-* / *fí-*, *fo-* / *fó-*, nó *fu-* / *fú-*.

B'álainn an lá é. B'fhéidir go raibh an ceart aici.
B'fhearr duit dul abhaile luath.

Ach úsáidimid *ba* roimh *é*, *í*, *iad*, *eisean*, *ise*, *iadsan* srl.

Ba é an duine ba chliste sa rang é.
Ba í Máire a bhí ann.
Ba iadsan na daoine ba ghasta ar an bhfoireann.

25.2 Úsáid an Fhleiscín

25.2.1 Cuirimid fleiscín idir na réamhlitreacha *n* nó *t* agus guta nach ceannlitir é a leanann iad.

ár n-arán laethúil	an t-athair (ach féach thíos:)
Ár nArán	Ár nAthair atá ar Neamh
	Dia an tAthair

25.2.2 Cuirimid fleiscín idir an dá chuid de chomhfhocal nuair a thagann dhá ghuta nó comhchonsain le chéile.

so-ólta	droch-chaint
sean-nós	gnáth-thuarastal

25.2.3 Cuirtear fleiscín idir focal agus iarmhír atá ina theannta nuair a thagann dhá chomhchonsan le chéile.

do chos-sa   a gclann-na   ár maoin-ne

25.2.4 Scríobhtar fleiscín nuair a thagann dhá réimír le chéile.

sin-seanathair   (*great-grandfather*)
an-drochbhéasach
an-neamhchoitianta

25.2.5 Nuair atáimid ag iarraidh na réimíreanna *do-*, *fo-* nó *so-* a chur
roimh ainmfhocail a thosaíonn le *bha-*, *bhla-*, *bhra-*, *dha-*, *gha-*,
ghra-, *mha-*, caithfimid an fleiscín a scríobh.

do-bhainte   so-bhlasta
fo-bhrat   so-dhaite
fo-ghaoth   so-ghlactha
fo-ghrád   do-mhaite

25.2.6 Cuirtear fleiscín i dteidil dhílse cosúil leis na cinn atá luaite
thíos anseo.

an Príomh-Chigire   an tArd-Aighne
an Ard-Scoil

25.2.7 Scríobhtar fleiscín i ndiaidh na réimíre tréise *an-* agus na
réimíre *dea-* i gcónaí.

an-bheag   an-tábhachtach   an-mhór
an-deas   dea-mhéin   dea-chroí
dea-ainm   dea-bhás

25.2.8 Baintear úsáid as an bhfleiscín in aon chomhfhocal chun débhrí
a sheachaint.

do lása (*your lace*)   do lá-sa (*your day*)
a ghrása (*Your Grace*)   a ghrá-sa (*his lover/beloved*)

25.2.9 Ní úsáidimid fleiscín **riamh** i ndiaidh na réamhlitreach *h*.

Ní raibh aon rud le hithe sa teach.
Tháinig a hathair abhaile luath.
Cá háit ar fhág tú do mhála?
Tháinig go leor turasóirí go hÉirinn anuraidh.

25.3   Úsáid na Réamhlitreach *h*

25.3.1 Tá roinnt focal ann nach séimhíonn agus nach n-uraíonn. Críochnaíonn siad ar ghuta (nó tá fuaim ghutach lena ndeireadh) agus cuireann siad an réamhlitir *h* le focail a thosaíonn le guta. Tá na samplaí déanta amach sna liosta thíos.

  (a) *h* roimh ainmfhocail:
      (i) tar éis na haidiachta sealbhaí *a* (baininscneach): a *h*athair, ina *h*intinn
      (ii) tar éis *a dhá*: a dhá *h*iníon
      (iii) tar éis *cá*: cá *h*áit?, cá *h*aois tú?
      (iv) tar éis *Dé* (roimh *Aoine*): Dé *h*Aoine
      (v) tar éis *go* agus *le*: go *h*Albain, le *h*Áine
      (vi) tar eís an ailt (*na*) sa Ghinideach Uatha baininscneach: muintir na *h*áite, tús na *h*aiste, ar eagla na *h*eagla
      (vii) tar éis an ailt iolra (*na*) san uimhir iolra: na *h*aistí, na *h*imeachtaí
      (viii) tar éis *Ó* i sloinnte daoine: Ó *h*Annracháin, Ó *h*Eochaidh. Ó *h*Icí
      (ix) tar éis orduimhreacha (seachas chéad): an dara *h*áit, an ceathrú *h*uair

(x) leis an bhfocal *uair* tar éis 3, 4, 6; trí huaire, ceithre huaire, sé huaire

(b) *h* roimh aidiachtaí:
  (i) tar éis *a* sa chomhaireamh: a haon, a hocht, a hocht déag
  (ii) tar éis na bhfocal *chomh*, *go* agus *le*: chomh holc sin, go hiontach, chomh maith le haon duine
  (iii) tar éis *na* san uimhir iolra: bhí na hocht gcinn sin d'aistí an-mhaith

(c) *h* roimh fhorainmneacha:
  (i) tar éis *cé*, *ní*, *le* : cé hé/hí/hiad sin? ní hé/hí/hiad, le hí a thógáil amach

(d) *h* roimh bhriathra:
  (i) tar éis *ná* (ordú diúltach): ná hól an t-uisce sin, ná himigh gan mé

Eisceachtaí

Ní chuirtear *h* roimh fhocal dar tús guta sna cásanna seo a leanas:
  (i) tar éis 3, 4, 6 (seachas *uair*): trí úll, ceithre oifig, sé amhrán
  (ii) tar éis *cé* roimh fhorainmneacha réamhfhoclacha: cé air a bhfuil an locht?

25.4 Nathanna Úsáideacha

25.4.1 Seo roinnt nathanna úsáideacha ba cheart a bheith ar eolas ag gach foghlaimeoir le cuidiú leo a gcuid scileanna labhartha agus scríofa sa Ghaeilge a shaibhriú.

ar an drochuair - *unfortunately*
ar na saolta seo – *nowadays*

ní nach ionadh – *no wonder*
de réir cosúlachta / de réir dealraimh – *apparently*
dá ainneoin sin – *despite that*
ar scor ar bith / cibé ar bith – *at any rate*
mar sin de – *so, therefore, not surprisingly*
cibé scéal é – *anyhow*
mar sin féin – *even so*
ina dhiaidh sin is uile – *nevertheless*
ar eagla na heagla – *just in case*
dála an scéil – *incidentally*
ar ndóigh – *of course*
go bhfios dom – *as far as I know*
i bhfad uaim – *in the distance*
ar feadh i bhfad – *for a long time*
roimh i bhfad – *before long*
san am i láthair – *at the present time*
san am atá le teacht – *in the future*
ar na mallaibh – *recently*
faoin am seo – *by this time*
ar thoradh moille – *eventually*
roimh ré – *previously*
leis na cianta – *for ages*
anallód – *long ago, in olden times*
ar ball beag – *a little while ago, after a little while*
ó shin i leith – *ever since (then)*
leis sin – *with that, thereupon*
an lá faoi dheireadh – *the other day*
i ndeireadh na dála – *finally*
faoi dheireadh – *finally, at last*
i dtús/dtosach báire – *first of all*
idir an dá linn – *meanwhile*
ach oiread – *no more than, either*
ach oiread leat féin – *no more than yourself*

ach oiread leis sin – *for that matter*
oiread agus is féidir – *as far as possible*

25.5 Réamhfhocail Chomhshuite

25.5.1 Tá iarracht déanta anseo oiread agus is féidir de na Réamhfhocail Chomhshuite a bhailiú le chéile mar áis tagartha. Tá siad eagraithe de réir téamaí éagsúla chun gur fusa a bheas sé ag mic léinn iad a fhoghlaim. Is fiú a chur i gcuimhne do mhic léinn go leanann an Tuiseal Ginideach na réamhfhocal comhshuite seo *i gcónaí.*

Staid:

ar aghaidh an dorais	opposite the door
ar chúl an tí	behind the house
ar fud na háite	throughout / all over the place
de chois an tí	near the house
de chóir na hollscoile	near the university
faoi bhun fiche	under twenty
i bhfianaise na ndaoine	in the presence of the people / with the people as witnesses
i lár na páirce	in the middle of the field / mid-field
i láthair an Uachtaráin	in the presence of the President
i measc na gcairde	among (the) friends
in aice na scoile	near the school
le hais an dorais	near / beside the door
os cionn an dorais	above / over the door
os coinne an choláiste	opposite the college
faoi bhráid an phríomhoide	before / in the presence of the principal

| os comhair na cúirte | before the court / present in court before the judge |

Am:

ar feadh míosa	for a month
faoi cheann bliana	within a year
go ceann seachtaine	for (the duration of) a week
i dtrátha an ama sin	about / around that time
i gcaitheamh na mblianta	during / throughout the years
i gceann coicíse	in a fortnight's time
i ndiaidh an bhéile	after the meal
tar éis mo bháis	after my death
i rith an tsamhraidh	during the summer
le linn an gheimhridh	during the winter

Toradh:

de bharr an chatha	as a result of the battle
de dheasca an óil	as a result of drink
de thoradh na hiarrachta	as a result of the effort
de thairbhe an airgid	as a result of the money

Easpa:

| de dhíobháil airgid | for want / lack of money |

Sprioc / Tairbhe:

ar lorg oibre	looking for work
faoi choinne uisce	(for) to get water
faoi choinne mo mháthar	for my mother
faoi dhéin duine éigin	to fetch someone
i gcionn oibre	set to work
i gcóir an lóin	for lunch
in airicis an Taoisigh	to meet the Taoiseach

241

le haghaidh an tae	for tea
thar ceann na hOllscoile	on behalf of the University

Ceannas:

i bhfeighil an tí	in charge of the house
i mbun an ranga	in charge of the class

Cuideachta:

i bhfochair Chiaráin	in Ciarán's company
i dteannta a chéile	in each other's company
i gcosamar Shíle	in Síle's company
i gcuideachta na gcailíní	in the company of the girls

Eile:

ar nós na gaoithe	like the wind
ar son na cúise	for the sake of the cause
d'ainneoin na n-iarrachtaí	in spite of the efforts
de réir an dlí	according to the law
de réir an scéil	according to the story
in aghaidh an bhalla	against the wall
in éadan mo thola	against my will
in áit an uisce	instead of the water
in ionad a mhic	instead of his son
le cois an bhainne	along with / as well as the milk

25.6 Botúin Choitianta le Seachaint

25.6.1 Tá difríocht idir na focail *aithne*, *eolas* agus *fios*. Is ag tagairt **do dhaoine** a úsáidtear *aithne*. Bíonn aithne ag duine ar dhuine eile. Mar shampla: tá aithne agam ar an bhfear sin.

Is ag tagairt do rudaí nó d'áiteanna a úsáidimid *eolas*. Mar shampla: tá eolas maith aige ar an gceol; níl eolas ar bith agam ar Luimneach.

Is ag tagairt d'fhíricí a úsáidtear *fios*. Mar shampla: tá a fhios agam gur tháinig siad ar deireadh; níl a fhios aici nár chuala mé í. Tabhair faoi deara go scríobhtar … *a fhios* … i gcónaí. Níl sé ceart tá fhios … nó tá fios … a scríobh.

25.6.2 Níl sé ceart alán a scríobh mar aon fhocal amháin. Is mar *a lán* is ceart an nath seo a scríobh. Is minic a bhaintear an iomarca úsáide as an nath seo, freisin. Ba chóir do mhic léinn nathanna eile a chleachtadh: *cuid mhaith, cuid mhór, go leor,* mar shampla.

25.6.3 Ní féidir an focal *cé* nó *cad* a úsáid mar mhír choibhneasta. Mar shampla tá abairtí den chineál seo a leanas léite agam in aistí:

An fear cé a bhí ag caint.	*The man who was talking.*
An bhean cé a chonaic mé.	*The woman who I saw.*
Sin cad a cheap sí.	*That's what she thought.*
Sin cad a scríobh mé síos.	*That's what I wrote down.*

Is míreanna ceisteacha iad *cé* agus *cad* agus ní féidir iad a úsáid ach i gceisteanna. Is cóir an mhír choibhneasta a úsáid sna cásanna thuas. Mar seo a leanas is cóir na habairtí thuas a scríobh.

> An fear a bhí ag caint.
> An bhean a chonaic mé. (nó *an bhean a bhfaca mé í.*)
> Sin a cheap sí.
> Sin a scríobh mé síos.

25.6.4 Tá nós ag foghlaimeoirí comhréir an Bhéarla a úsáid nuair atá siad ag iarraidh forainm a chur leis an Ainm Briathartha. Sa Bhéarla deirtear *hitting her, reading it, seeing them*. Ní féidir ag

~~bualadh í, ag léamh é~~ nó ~~ag feiceáil iad~~ a rá nó a scríobh. Mar seo thíos is cóir a leithéid a rá agus a scríobh.

Mícheart	Ceart
ag bualadh mé	*do mo* bhualadh
ag bualadh tú	*do do* bhualadh
ag oscailt /bualadh é	*á* oscailt / *á* bhualadh
ag ionsaí / feiceáil í	*á* feiceáil / *á* hionsaí
ag ionsaí muid	*dár* n-ionsaí
ag bualadh muid	*dár* mbualadh
ag gortú sibh	*do bhur* ngortú
ag pacáil iad	*á* bpacáil

25.6.5 Leanann uimhir uatha an ainmfhocail an focal *cúpla* i gcónaí. Ní féidir *cúpla málaí, cúpla daoine, cúpla seachtainí* nó aon rud mar sin a rá nó a scríobh in am ar bith. Scríobhtar *cúpla mála, cúpla duine, cúpla seachtain* &rl. i gcónaí.

25.6.6 Tá difríocht idir *sa bhaile* agus *abhaile*. Tá difríocht den sórt seo sa Ghearmáinis. Ciallaíonn *zu Hause* go bhfuil an duine sa teach agus ciallaíonn *nach Hause* go bhfuil an duine ar a bhealach go dtí an teach. Tá sé amhlaidh sa Ghaeilge. Ciallaíonn *sa bhaile* go bhfuil an duine istigh sa teach agus ciallaíonn *abhaile* go bhfuil an duine ar a shlí ansin.

25.6.7 Ní nós maith é abairt a thosú sa Ghaeilge le *áfach, fosta* nó *freisin*. Tá sé níos nádúrtha sa Ghaeilge labhartha agus scríofa iad seo a chur aghaidh go lár nó deireadh na habairte.

Ba é an rud is mó a chuir isteach air, *áfach*, ná go raibh na daoine eile ag caint faoi.
Nuair a tháinig sé abhaile, bhí tinneas ar a bhean chéile *freisin / fosta*.

244

25.6.8 Nuair a thagann an mhír bhriathartha a roimh an Ainm Briathartha, cuireann sé séimhiú air más féidir.

Bhí sé i gceist agam é sin *a* d*h*éanamh.
Sin an rud a bhí sí féin *a* c*h*eapadh.
Caithfimid an dá phíosa téada sin *a* c*h*eangal le chéile.

25.6.9 Ní chuirtear síneadh fada ar an bhfocal *inniu* in am ar bith. Cé go bhfuil fuaim fhada ag an -*u* deireanach, ní chuirtear an marc fada air. Mar sin de, tá sé mícheart ~~inniú~~ a scríobh.